PORTUGAL, A EUROPA
E A CRISE ECONÓMICA
E FINANCEIRA
INTERNACIONAL

COLECÇÃO ECONÓMICAS – 2ª Série

Coordenação da Fundação Económicas

António Romão (org.), *A Economia Portuguesa – 20 Anos Após a Adesão*, Outubro 2006

Manuel Duarte Laranja, *Uma Nova Política de Inovação em Portugal? A Justificação, o modelo os instrumentos*, Janeiro 2007

Daniel Müller, *Processos Estocásticos e Aplicações*, Março 2007

Rogério Fernandes Ferreira, *A Tributação dos Rendimentos*, Abril 2007

Carlos Alberto Farinha Rodrigues, *Distribuição do Rendimento, Desigualdade e Pobreza: Portugal nos anos 90*, Novembro 2007

João Ferreira do Amaral, António de Almeida Serra e João Estêvão, *Economia do Crescimento*, Julho 2008

Amélia Bastos, Graça Leão Fernandes, José Passos e Maria João Malho, *Um Olhar Sobre a Pobreza Infantil*, Maio 2008

Helena Serra, *Médicos e Poder. Transplantação Hepática e Tecnocracias*, Julho 2008

Susana Santos, *From the System of National Accounts (SNA) to a Social Accounting Matrix (SAM) – Based Model. An Application to Portugal*, Maio 2009

João Ferreira do Amaral, *Economia da Informação e do Conhecimento*, Maio 2009

Fernanda Ilhéu, *Estratégia de Marketing Internacional*, Agosto 2009

Jorge Afonso Garcia e Onofre Alves Simões, *Matemática Actuarial. Vida e Pensões*, Janeiro 2010

Maria Eugénia Mata e Nuno Valério, *The Concise Economic History of Portugal: A Comprehensive Guide*, Fevereiro 2011

António Romão, Manuel Ennes Ferreira, Joaquim Ramos Silva, *Homenagem ao Professor Doutor Adelino Torres*, Dezembro 2010

Tanya Vianna de Araújo, *Introdução à Economia Computacional*, Março 2011

José Passos, Carla Machado, Amélia Bastos (Coord.), *Números com Esperança – Abordagem Estatística da Pobreza Infantil em Portugal*

Daniel Müller, *Probabilidade e Processos Estocásticos: uma abordagem rigorosa com vista aos modelos em Finanças*, Outubro 2011

João Nicolau, *Modelação de Séries Temporais Financeiras*, 2012

Sara Falcão Casaca (coord.), *Mudanças Laborais e Relações de Género – Novos Vetores de (des)igualdade*, 2012

Sara Falcão Casaca, *Trabalho Emocional e Trabalho Estético*, 2012

COLECÇÃO ECONÓMICAS – 1ª Série

Coordenação da Fundação Económicas

Vítor Magriço, *Alianças Internacionais das Empresas Portuguesas na Era da Globalização. Uma Análise para o Período 1989-1998*, Agosto 2003

Maria de Lourdes Centeno, *Teoria do Risco na Actividade Seguradora*, Agosto 2003

António Romão, Manuel Brandão Alves e Nuno Valério (orgs.), *Em Directo do ISEG*, Fevereiro 2004

Joaquim Martins Barata, *Elaboração e Avaliação de Projectos*, Abril 2004

Maria Paula Fontoura e Nuno Crespo (orgs.), *O Alargamento da União Europeia. Consequências para a Economia Portuguesa*, Maio 2004

António Romão (org.), *Economia Europeia*, Dezembro 2004

Maria Teresa Medeiros Garcia, *Poupança e Reforma*, Novembro 2005

1ª Série publicada pela CELTA Editora

ANTÓNIO MENDONÇA
ANTÓNIO ROMÃO
FRANCISCO SEIXAS DA COSTA
JOAQUIM RAMOS SILVA

PORTUGAL, A EUROPA E A CRISE ECONÓMICA E FINANCEIRA INTERNACIONAL

Organização:
JOAQUIM RAMOS SILVA

PORTUGAL, A EUROPA E A CRISE ECONÓMICA E FINANCEIRA INTERNACIONAL
ORGANIZAÇÃO
Joaquim Ramos Silva
AUTORES
António Mendonça, António Romão, Francisco Seixas da Costa, Joaquim Ramos Silva
EDITOR
EDIÇÕES ALMEDINA, S.A.
Rua Fernandes Tomás, nºs 76, 78 e 79
3000-167 Coimbra
Tel.: 239 851 904 · Fax: 239 851 901
www.almedina.net · editora@almedina.net
DESIGN DE CAPA
FBA.
PRÉ-IMPRESSÃO
G.C. – GRÁFICA DE COIMBRA, LDA.
Palheira Assafarge, 3001-453 Coimbra
producao@graficadecoimbra.pt
IMPRESSÃO | ACABAMENTO
PAPELMUNDE, SMG, LDA.
V. N. de Famalicão

Setembro, 2012
DEPÓSITO LEGAL
349347/12

Apesar do cuidado e rigor colocados na elaboração da presente obra, devem os diplomas legais dela constantes ser sempre objeto de confirmação com as publicações oficiais.
Toda a reprodução desta obra, por fotocópia ou outro qualquer processo, sem prévia autorização escrita do Editor, é ilícita e passível de procedimento judicial contra o infrator.

 GRUPOALMEDINA

BIBLIOTECA NACIONAL DE PORTUGAL – CATALOGAÇÃO NA PUBLICAÇÃO

PORTUGAL, A EUROPA E A CRISE ECONÓMICA E FINANCEIRA INTERNACIONAL

Portugal, a Europa e a crise económica e financeira internacional / António Mendonça... [et al.] ; org. Joaquim Ramos Silva. – (Económicas ; 21)
ISBN 978-972-40-4904-5

I – MENDONÇA, António
II – SILVA, Joaquim Ramos, 1948-

CDU 339
    338

Conferência organizada no ISEG em Sessão de Homenagem ao Professor Doutor António Romão, em 8 de Março de 2012

Com o apoio de Fundação Económicas

SESSÃO DE HOMENAGEM
AO PROF. DOUTOR ANTÓNIO ROMÃO

CONFERÊNCIA

PORTUGAL, A EUROPA
E A CRISE ECONÓMICA E FINANCEIRA INTERNACIONAL

8 DE MARÇO

Oradores:
Prof. Doutor Joaquim Ramos Silva – ISEG
Prof. Doutor António Mendonça – ISEG

Orador Convidado:
Dr. Francisco Seixas da Costa – Embaixador de Portugal em França
e na UNESCO

Intervenção Final:
Prof. Doutor António Romão

Jantar – Salão Nobre

Intervenções:
Prof. Doutor Jorge Santos – Presidente do Departamento de Economia
Prof. Doutor João Duque – Presidente do ISEG
Prof. Doutor António Romão

Nota de Abertura

Um dos costumes mais justamente enraizados na vida académica é a celebração de uma carreira de dedicada ao ensino e à investigação que tem lugar com a cessação do vínculo formal pleno à instituição universitária. Assim, este livro tem origem na sessão organizada em homenagem ao Professor António Romão por ocasião da sua aposentação, iniciativa do Departamento de Economia, com o apoio da Presidência do ISEG. O livro é composto por duas partes e inclui depoimentos sobre a atividade do homenageado e trabalhos com base nas comunicações que foram apresentadas na conferência que integrou a sessão.

A Parte I reúne, para além do CV do professor António Romão, o programa da sessão de homenagem realizada a 8 de março de 2012 no ISEG, que se iniciou com a conferência "Portugal, a Europa e a Crise Económica e Financeira Internacional", e os resumos das intervenções dos professores Jorge Santos, presidente do Departamento de Economia e José Lopes da Silva, ex-reitor da Universidade Técnica de Lisboa, feitas no final do jantar.

A Parte II inclui um conjunto de quatro textos, de acordo com as intervenções que foram realizadas na conferência. O tema central, que corresponde também ao título atribuído ao presente livro, não foi escolhido ao acaso, corresponde a uma área de interesse fundamental de António Romão ao longo da sua vida de ensino e investigação. Por outro lado, a grande atualidade da temática abordada contribuiu sem dúvida para a presente publicação, de forma a torná-la acessível a um público mais vasto e enriquecer o debate em curso no país.

10 | Portugal, a Europa e a Crise Económica e Financeira Internacional

Entre muitas outras atividades, António Romão foi docente do ISEG desde 1971 e exerceu as funções de presidente da Direção durante vários mandatos nas décadas de oitenta e noventa, correspondentes a oito anos de serviço. Foi vice-reitor da Universidade Técnica de Lisboa entre 1999 e 2007. Coordenou, em diferentes períodos, o Mestrado em Economia Internacional e Estudos Europeus, que surgiu com a designação inicial de Mestrado em Economia Internacional em 1991, bem como diversos cursos de pós-graduação no ISEG, entre eles, o Curso de Estratégia de Exportação que teve três edições no início dos anos 1990. Como investigador esteve na equipa que fundou em 1989 o CEDIN. Organizou a edição de dez livros, publicou em livro a sua tese de doutoramento e foi autor de numerosos artigos e capítulos de livros. As suas publicações trataram em particular da economia europeia e internacional e do processo de integração da economia portuguesa na União Europeia e na economia mundial. Orientou ainda três de teses de doutoramento e cerca de duas dezenas de dissertações de mestrado. A sua atividade, que aqui dignamente comemoramos, cobriu assim, no ISEG e na UTL, diversas áreas fundamentais ligadas ao ensino, gestão e investigação.

Quero deixar bem expresso um agradecimento ao homenageado e a todos os que se associaram à sessão, colegas, funcionários, familiares e amigos, em particular aos vários oradores, quer da conferência, quer no final do jantar. Um obrigado especial ainda a todos os que contribuíram para o presente livro.

A terminar esta nota de abertura não posso deixar de exprimir o reconhecimento à Fundação Económicas, cujo apoio tornou possível esta publicação no âmbito da Coleção Económicas da Editora Almedina.

ISEG, 16 de abril de 2012

JOAQUIM RAMOS SILVA
Coordenador da Área Científica de Economia Internacional
e Desenvolvimento
Departamento de Economia, ISEG/UTL

Índice

PARTE I
CURRICULUM VITAE E CONTRIBUTOS EM HOMENAGEM AO PROFESSOR DOUTOR ANTÓNIO ROMÃO

Curriculum Vitae do Professor Doutor António Romão...................... 15

O Contributo do Professor Doutor Jorge Henriques Santos
Jorge Santos 29

O Contributo do Professor Doutor José Lopes da Silva
José Lopes da Silva 31

PARTE II
CONFERÊNCIA "PORTUGAL, A EUROPA E A CRISE ECONÓMICA E FINANCEIRA INTERNACIONAL"

A crise actual – algumas notas e reflexões
António Romão.. 35

Portugal numa Europa em mudança
Francisco Seixas da Costa.. 69

As dimensões da crise económica e financeira atual:
a economia global, a Europa e Portugal
António Mendonça 81

Crise em Portugal e na Europa: o momento para repensar os caminhos
da teoria e da política económicas
Joaquim Ramos Silva 159

PARTE I

CURRICULUM VITAE E CONTRIBUTOS EM HOMENAGEM AO PROFESSOR DOUTOR ANTÓNIO ROMÃO

Curriculum Vitae

1.1. Dados Pessoais

António Francisco Espinho Romão, nasceu em 1945, em Mombeja, concelho de Beja

1.2. Graus e Títulos Académicos

- Licenciado em Finanças pelo Instituto Superior de Ciências Económicas e Financeiras (actual ISEG), da Universidade Técnica de Lisboa, 1971.

- Diplôme d'Etudes Approfondies (DEA) em "Analyse et Planification du Developpement" IREP, Université des Sciences Sociales de Grenoble, Junho de 1979.

- Doutor em Economia, IREP, Université des Sciences Sociales de Grenoble, Novembro de 1981.

- Equiparado ao Grau de Doutor em Economia, com equivalência concedida pela Universidade Técnica de Lisboa, Maio de 1983.

- Agregado em Economia pela Universidade Técnica de Lisboa, através do ISEG, Novembro de 1987.

Nota: Fez o Ensino Secundário (à data 7 anos em 3 ciclos) no Liceu de Beja, tendo-o iniciado em 1963/64 e concluido em 1965/66 (3 anos). Foi Bolseiro da Fundação Calouste Gulbenkian durante 9 anos, desde o 3º Ciclo (6º e 7º anos) do Liceu, os cinco anos da licenciatura e os três anos de doutoramento.

16 | Portugal, a Europa e a Crise Económica e Financeira Internacional

1.3. Carreira Académica

- Assistente eventual do ISCEF (actual ISEG) de 1971 a 1974

- Assistente convidado do ISE (actual ISEG) de 1976 a 1981

- Professor Auxiliar Convidado do ISEG de 1982 a 1983

- Professor Auxiliar de Economia do ISEG de Maio de 1983 a Outubro de 1984

- Professor Associado de Economia do ISEG de Novembro de 1984 a Dezembro de 1989

- Professor Catedrático de Economia, de nomeação definitiva, do ISEG, desde 26 de Dezembro de 1989

- Professor Visitante na Universidade de Orléans em 1989/90

- Professor Titular da Cátedra Jean Monnet em "Economie Européenne" da Comissão Europeia (1997/2011)

1.4. Principais Funções no ISEG

- Presidente do Conselho Directivo do ISEG (1985/1986, 1989/90, 1995/99).

- Vogal do Conselho Directivo do ISEG em 1984.

- Professor encarregado da Biblioteca do ISEG, designado pelo Conselho Pedagógico, de Maio de 1983 a Abril de 1984.

- Responsável pelo Programa "ERASMUS" no âmbito do Departamento de Economia do ISEG, de Setembro de 1988 a Março de 1989 (pediu a substituição em virtude de ter sido eleito Presidente do Conselho Directivo do ISEG).

- Coordenador da Secção de Economia Internacional do Departamento de Economia do ISEG de 1989 a 1991.

- Membro do CISEP – Centro de Investigação sobre Economia Portuguesa, do ISEG de 1980 a 1989.

Parte I – Contributos em Homenagem ao Prof. Doutor António Romão | 17

- Presidente da Mesa da Assembleia Geral do CISEP – 1985/87.

- Presidente da Direcção do CEDIN – Centro de Estudos de Economia Europeia e Internacional do ISEG, 1991/94 e 2000/02.

- Presidente da Mesa da Assembleia Geral do CEDIN (1995/99 e 2002/09).

- Membro do Conselho de Administração da Fundação Económicas, Organismo de interface do ISEG com entidades empresariais, de 1998 a 2012.

- Membro da Direcção do IDEFE/ISEG, instituto de formação de executivos, de Junho de 2002 a Janeiro de 2003.

- Membro eleito da Assembleia de Representantes do ISEG, durante vários mandatos.

1.5. Principais Funções no âmbito da UTL

- Vice-Reitor da Universidade Técnica de Lisboa (1999/2007).

- Membro da Comissão de Elaboração dos Estatutos da UTL, em representação do ISE (actual ISEG), nomeado por despacho Reitoral de 23 de Agosto de 1988.

- Membro eleito do Senado da UTL de 1990/94.

- Membro eleito da Comissão Permanente do Senado da UTL, 1990/91.

- Membro da Comissão Eleitoral, aquando da eleição do Reitor da UTL em 1995.

- Membro eleito da Assembleia da Universidade da UTL, 1998//2002.

- Membro por inerência das Secções de Assuntos Científicos (1999/2002) e de Assuntos Disciplinares do Senado da UTL (1999/2003).

18 | Portugal, a Europa e a Crise Económica e Financeira Internacional

- Membro por inerência das Secções de Assuntos Administrativos e Financeiros (2002/2007) e de Assuntos dos Funcionários Não Docentes do Senado da UTL (2003/2007).

- Membro por inerência do Senado e da Assembleia da Universidade da UTL (1999/2003 e 2003/2007).

- Membro da Direcção da Associação das Universidades de Lisboa, 1999/2002.

- Membro do Conselho Fiscal da Associação das Universidade de Lisboa, 2002/2005.

- Presidente da Comissão Eleitoral por designação reitoral, aquando da eleição do Reitor da UTL, Janeiro de 2003.

- Responsável, enquanto Vice-Reitor da UTL, pelo PRODESB – Programa de Desenvolvimento do Ensino Superior em Benguela desde 2000. Este Programa foi alargado à Província da Huíla em Angola, em 2005.

- Integra a Comissão do CRUP sobre o Financiamento e Desenvolvimento Estratégico (2004/2006).

- Membro do Conselho Regional da Comissão de Coordenação e Desenvolvimento Regional de Lisboa e Vale do Tejo, em representação do CRUP (2003/2006).

- Membro (suplente) do Conselho Económico e Social em representação do CRUP (2003/2006).

- Coordenador-Geral das Comemorações do 75º Aniversário da UTL, Dezembro de 2005 a Junho 2006.

1.6. Actividade de Ensino

- A nível de Licenciatura leccionou e/ou foi responsável no ISEG/ /UTL pelas seguintes disciplinas: Matemática I, Matemática-Estatística, Estudos Aplicados de Economia I (Economia Portuguesa), Estudos Aplicados de Economia II (Economia Portuguesa), Relações Económicas Internacionais, Economia Internacional;

Organizações Económicas Internacionais; Integração Económica; Economia Europeia.

- Leccionou ainda disciplinas de licenciatura no ISCTE e na Universidade de Évora.

- A nível de Pós-Graduação leccionou e foi responsável no ISEG/ /UTL pelas disciplinas de Economia Europeia, Integração Económica, Globalização e Integração Económica, Análise do Comércio Internacional e Pesquisa de Mercados.

- Coordenou os seguintes cursos no ISEG/UTL: Curso de Pós--Graduação em Estratégia de Exportação, Curso de Pós-Graduação em Estudos Europeus, Cursos de Pós-Graduação em Relações Económicas Internacionais, Curso de Mestrado em Economia Internacional, Curso de Mestrado em Economia Internacional e Estudos Europeus.

- Leccionou ainda em cursos de Mestrado no ISCSP/UTL, na Universidade do Minho, na Universidade do Algarve, na Universidade Agostinho Neto – Centro Universitário da Huíla (Angola), em Moçambique num Curso de Mestrado organizado pela Open University of London.

1.7. Actividade de Investigação

- Realizou estágios de Pós-Doutoramento no Institut des Sciences Mathématiques et Economiques Appliqueés (ISMEA), Paris, em 1988 e no Institut d' Études Européennes da Université Libre de Bruxelles, em 1994.

- Orientou mais de duas dezenas de dissertações de Doutoramento, de Mestrado e Provas de Aptidão Pedagógica e Capacidade Científica no ISEG, na Universidade de Évora e na Universidade de Coimbra.

- Proferiu Conferências e participou em Seminários e Júris nas seguintes Universidades estrangeiras: Universidade de Orleáns (França), Universidade de Ciências Sociais de Grenoble (França),

Universidade Federal Fluminense (Brasil), Universidade Politécnica de Catalunha (Espanha), Universidade de São Paulo (Brasil), Universidade Federal da Paraíba (Brasil), Universidade de New Hampshire (EUA), Universidade de Bilbau (Espanha), Universidade Eduardo Mondlane (Moçambique), Universidade de Pécs (Hungria), Universidade de Cork (Irlanda), Universidade Federal da Bahia (Brasil), Universidade Agostinho Neto (Angola),Universidade de Granada (Espanha).

- Participou em Conferências, Júris de mestrado, de doutoramento, de agregação e de concursos nas seguintes Universidades portuguesas: Universidade do Minho, Universidade do Porto, Universidade de Coimbra, Universidade de Évora, Universidade Católica Portuguesa, Universidade do Algarve, Universidade da Madeira e Universidade da Beira Interior.

- Consultor da Revista "Estudos de Economia" do ISEG/UTL de 1982 a 2001 e da Revista Episteme da UTL de 2000 a 2006.

- Participou na Conferência sobre "Las relationnes hispano-portuguesa em el ambito de la ampliacion de la Comunidad Economica Europea" organizada pela Universidad Internacional Menendez Pelayo, Coruña, 29-31 de Julho de 1985.

- Coordenador e Co-autor do projecto no âmbito do CISEP/ISEG, em sequência de contrato com o I.E.D., sobre as "Relações Económicas Portugal/Espanha" – elaborados dois Relatórios Finais:

  - "As relações Portugal-Espanha: especialização e adesão à CEE" – 265 pág. e anexos, Fevereiro de 1985

  - "As relações Portugal-Espanha pós-adesão à CEE – algumas reflexões" – 30 pág., Julho de 1985.

Estes relatórios foram mais tarde publicados em livro editado pelo IED, no âmbito de um projecto mais amplo, Lisboa, 1986.

- Membro da Comissão Organizadora e Presidente de uma das Sessões da "Conference on Trade Patterns and Policies in Southern Europe", ISEG/UTL, 25-27 de Junho de 1987.

- Membro da equipa de investigação do Projecto "A Competitividade das Áreas Metropolitanas em Portugal", ISEG/UTL, financiado pela JNICT/DGOT, 1994 – 1996.

- Coordenador do Projecto de investigação "As empresas portuguesas face à globalização tecno-económica", ISEG/UTL, financiado pelo Programa Praxis XXI da JNICT/FCT (PRAXIS/PCSH/ /C/CEG/17/96), 1997-1999.

- Coordenador e Co-Autor do Projecto de Investigação sobre "O Desinvestimento Directo estrangeiro em Portugal – suas determinantes", CEDIN/GEPE, Ministério da Economia, 1998.

- Consultor do Projecto "Fluxos de Investimento Directo Portugal/Brasil", CEDIN/GEPE, Ministério da Economia, 2001. Este projecto deu origem à publicação de três Working Papers (nºs 31/2001, 32/2001 e 33/2001).

- Membro da Comissão de Selecção e Acompanhamento do Programa Praxis XXI, JNICT, 1995.

- Membro do Painel de Avaliação (Economia) da JNICT, 1995.

- Membro do Painel de Avaliação (Economia e Gestão), FCT, 2002 e 2004.

- Integra a Rede Europeia "Jean Monnet Professors" desde 1997.

1.8. Outra Actividade Universitária relevante

- Coordenador e Co-autor do Livro "Ajuda Pública ao Desenvolvimento", 245 pág., editado pelo Centro de Estudos de Economia e Sociedade, Lisboa, Dezembro de 1985.

- Coordenador e Co-autor do Livro "Os Instrumentos Financeiros do CEE – condições de acesso", 169 páginas, Editado pela Marktest, Lisboa, Julho de 1986.

- Participou no Colóquio Internacional sobre "Solidarités Internationales dans la crise", organizado pelo ISERES na sede da UNESCO, Paris, 25-27 de Janeiro de 1989.

- Participou no Congresso da Association Internacionale des Economistes de Langue Française, em representação da UTL, por proposta do Conselho Científico do ISEG, Belgrado 1-4 de Junho de 1989.

- Membro das Comissões Organizadores do Jubileu dos Professores Francisco Pereira de Moura (1995) e Manuel Jacinto Nunes (1996).

- Participou no Seminário – "Dirección Estratégica de las Universidades – Para el desarollo de Equipos Directivos" – Parte I, Cátedra UNESCO en Gestión de la Educación Superior, Universitat Politécnica de Catalunya, Barcelona, 8 a 12 de Novembro de 1999.

- Participou no Seminário – "Dirección Estratégica de las Universidades – Para el desarollo de Equipos Directivos" – Parte II, Cátedra UNESCO en Gestión de la Educación Superior, Universitat Politécnica de Catalunya, Barcelona, 28 de Fevereiro a 3 de Março de 2000.

- Participou no Seminário – "Strategic Management for Higher Education Institutions Leaders", European University Association/IMHE –, University College, Cork, Irlanda, 16-21 April, 2004.

- Coordenador do Grupo para a Implementação do Processo de Bolonha – área de Economia e Gestão – designado pelo despacho nº 13766/2004 (2ª Série) da Ministra da Ciência e Ensino Superior, publicado no Diário da República, II Série, nº 163 de 13/07/2004. Parecer concluído em Outubro de 2004 (37 páginas).

- Participou na Conferência sobre "Enlargement of the European Union: What are the stakes and potencial effects?" Université de Lille I, 9 e 10 de Dezembro de 2004.

- Participou na "II International Barcelona Conference on Higer Education – The Financing of Universities", – Global University Network for Innovation (GUNI), Universidad Politécnica de Cataluña, Barcelona, 30 de Novembro a 2 de Dezembro de 2005.

Parte I – Contributos em Homenagem ao Prof. Doutor António Romão | 23

- Participou no Seminário sobre "Evalución y Acreditación de la Calidad del Doctorado y de la Investigación Científica", organizado pela Universidade de Granada, Almuñecar, 11 a 15 de Setembro de 2006.

- Participou no "Colloquium on Research and Higher Education Policy", organizado pelo UNESCO Forum on Higher Education, Research and Knowledge, UNESCO, Paris, 29 Novembro a 1 de Dezembro 2006.

1.9. Actividade extra-universitária mais relevante

- Técnico destacado no Gabinete do Secretário de Estado do Abastecimento e Preços, de Maio de 1974 a Janeiro de 1975.

- Chefe de Gabinete do Ministro do Planeamento e Coordenação Económica, 1975.

- Autor de "Estratégia das Empresas transnacionais (ETN) em Portugal: análise retrospectiva e perspectivas futuras", trabalho efectuado para o Instituto Damião de Góis, Presidência da República, Junho de 1984.

- Responsável técnico-científico pelo projecto "Matriz Produto/ /Mercado", 72 páginas, e dois anexos de 1173 páginas, Instituto do Comércio Externo de Portugal (ICEP), Setembro de 1984.

- Coordenador e Co-autor de "Os mercados africanos e árabes para as exportações portuguesas", Trabalho efectuado para o Instituto de Estudos para o Desenvolvimento (IED), 130 páginas, Março de 1985.

- Participação no Seminário sobre "Investimentos Brasileiros em Portugal na perspectiva da entrada na CEE", organizado pela Câmara Portuguesa de Comércio de São Paulo em colaboração com a Federação das Indústrias do Estado de São Paulo (FIESP), São Paulo, Brasil, Novembro de 1985.

- Missões a Moçambique (1985, 1986, 1987) e a Angola (1988 e 1989) de apoio aos Ministérios do Plano e do Comércio Externo, respectivamente.

- Especialista do Programa das Nações Unidas para o Desenvolvimento (PNUD) em Moçambique como Assessor do Ministro do Plano (que exercia também as funções de Primeiro-Ministro) – Junho de 1991 a Maio de 1992 (Proj. MOZ/91/004).

- Membro da Comissão para a Reorganização dos Serviços Aduaneiros (CRSA), criada por despacho do Ministro das Finanças nº 162/96 – XIII, de 8 de Abril de 1996.

  Louvor por "elevado mérito e competência" concedido por Sua Excelência o Ministro das Finanças, Prof. Doutor António de Sousa Franco, em 28 de Maio de 1998.

- Exposição sobre a passagem à 3ª fase da UEM, no âmbito da Audição realizada pela Comissão dos Assuntos Europeus da Assembleia da República subordinada ao tema "Opções europeias de Portugal – 3ª fase da UEM", Palácio de São Bento, 8 de Abril de 1997.

- Participação no Colóquio "A Globalização e a Economia Portuguesa", organizado pelo Conselho Económico e Social, como Comentador da Intervenção do Prof. Guilherme Costa, Presidente do ICEP, ISCTE, 29 de Abril de 1998.

- Coordenador Português da Sessão de Economia do Congresso "Brasil – Portugal – Ano 2000", cujo Comissário Nacional foi o Prof. Doutor Ernâni Lopes, Brasília, 21-23 de Setembro de 1999.

- Participou no "Encuentro Luso-Español de Economia" organizado pela Fundación Duques de Soria. Coordenador da parte portuguesa, Prof. Doutor Manuel Jacinto Nunes, Salamanca, 14 de Outubro de 2002.

- Relator da Sessão sobre "O Processo de Bolonha e a Formação dos Economistas" no 1º Congresso Nacional dos Economistas, Ordem dos Economistas, Porto, 27 e 28 de Outubro de 2005.

1.10. Principais Publicações

- "A União Europeia e Portugal – Algumas Reflexões" – art. in Eduardo Paz Ferreira (Coord.), "25 anos na União Europeia – 125 Reflexões", Instituto Europeu da Faculdade de Direito de Lisboa, Edições Almedina, Coimbra, 2011

- "Que Nova NOEI?", contributo para o Livro "Homenagem ao Professor Doutor Adelino Torres", Edições Almedina, Coimbra, 2010

- "Dimensão e Financiamento do Orçamento", art. in "Reformar o Orçamento, Mudar a Europa", edição conjunta ISEG/Comissão Europeia, Lisboa, 2008

- Organizador e co-autor do livro "A Economia Portuguesa – 20 anos após a adesão" 572 páginas, Edições Almedina, Coimbra, Novembro de 2006.

- "Universidade e Desenvolvimento – algumas notas", contributo para o Livro de "Ensaios de Homenagem a António Simões Lopes", de que foi Co-organizador com Alves, M. B., Pontes, J. P., Valério, N., ISEG/UTL, 2006.

- Organizador e co-autor do livro "Economia Europeia", Celta Editora, 401 páginas, Oeiras, Dezembro de 2004.

- Comentário sobre o livro – "Alargamento da União Europeia: Consequências para a economia portuguesa", Maria Paula Fontoura e Nuno Crespo (org.), Celta Editora, Oeiras, Junho de 2004.

- Co-organizador e Co-autor do livro "Em Directo do ISEG", 335 pág., Celta Editora, Oeiras, Fevereiro de 2004.

- "O Diálogo dos 500 anos – Brasil/Portugal – desenvolvimento e cooperação" – Co-Editor com Roberto Cavalcanti de Albuquerque, 483 pág., EMC – Edições, Rio de Janeiro, 2000.

- Coordenador e Co-Autor do livro, "Moçambique – um país de futuro", 164 páginas, editado pelo Montepio Geral, Lisboa, 1998.

- Coordenador e Co-Autor do livro "Comércio e Investimento Internacional", editado pelo ICEP, 438 páginas, Lisboa, 1997.

- "O Comércio externo português de 1926 a 1974" e "Política do comércio externo", duas entradas para o "Dicionário sobre a História do Estado Novo", Círculo de Leitores, Lisboa, 1996.

- "A Revisão do Tratado da União Europeia: continuidade ou inflexão?" – contributo para o Livro de "Ensaios de Homenagem a Manuel Jacinto Nunes", ISEG/UTL, 1996.

- "A Europa na encruzilhada – algumas reflexões" – contributo para o Livro de "Ensaios de Homenagem a Francisco Pereira de Moura", ISEG/UTL, 1995.

- "A competitividade europeia", artigo in Revista "Estudos de Gestão", ISEG/UTL, Vol II, nº 1 (Inverno de 1995).

- Coordenador e Co-Autor do Livro "Pesquisa de Mercados", ISEG/UTL, 1992.

- Coordenador e Co-Autor do Livro "Análise do Comércio Internacional", ISEG/UTL, 1992.

- Coordenador e Co-Autor do livro "Comércio Internacional – Teorias e Técnicas" editado pelo ICEP, 295 páginas, Lisboa, 1991.

- "Portugal face a 1992 – membro de uma "Europa Social" ou súbdito na Europa do Mercado Interno?" art. in "Estudos de Economia", 28 páginas, Vol. IX, nº 3, Abril-Junho de 1989.

- "As Relações Económicas Internacionais vistas pela evolução de um Manual Clássico" art. in "Estudos de Economia", Vol. IX, nº 1, Out.-Dez. de 1988.

- "Relações Portugal-Espanha: notas para um balanço parcial do primeiro ano de adesão à CEE" in "A economia portuguesa face à CEE – Balanço de um ano de integração", obra colectiva, CISEP/Livros Horizonte, Lisboa 1987.

- "Relações económicas Portugal-Espanha – Balanço de um ano de adesão à CEE (uma primeira abordagem)" – Colaboração e Coordenação – editado pelo Centro de Estudos de Economia e Sociedade, Dezembro de 1987.

- "Comércio Externo" 26 pág. e anexos, Março de 1985, capitulo 15 do livro "Portugal Contemporâneo – problemas e perpectivas", 609 páginas, editado pelo INA, Lisboa, Maio de 1986.

- "As relações comerciais Portugal-Espanha", (em colaboração) art. in "Información Comercial Española" n° 622, Madrid, Junho de 1985.

- "O papel do investimento estrangeiro em Portugal", Comunicação apresentada na "2ª Conferência Nacional dos Economistas" organizada pela APEC, 10-11 de Dezembro de 1984, Lisboa, publicada in "Cadernos de Ciências Sociais", n° 3, Porto, Junho de 1985.

- "A inserção da economia portuguesa na economia mundial: evolução recente e perspectivas", in "3rd International Meeting on Modern Portugal", University of New Hampshire, EUA, 31 de Maio – 3 de Junho de 1984, in "Conflitos e Mudanças em Portugal 1974-1984", E. S. Ferreira e W. Opello Jr, Ed. Teorema, Lisboa, 1985.

- "A Ciência Económica em Portugal", (em colaboração), 58 pág., ISE/UTL, Julho de 1985, financiado pela Fundação Volkswagen (actualizado em Outubro de 1987).

- "O Ensino e a Investigação na Ciência Económica em Portugal – um contributo", (em colaboração), 84 pág., ISE/UTL, Maio de 1985.

- "Portugal face à CEE – uma avaliação global do processo de integração (1960-1980/2)", publicação resultante da adaptação da tese de doutoramento, Livros Horizonte, Ldª., Lisboa, Dezembro de 1983.

- "Croissance et crise dans l'economie portugaise (1960-1982)" (em colaboração) art. in "Economies et Societés", Série HS, n.º 25, Tome XVII, n.ºs 9-10-11, ISMEA, Paris, Sept – Oct– Nov. de 1983.

- "Portugal face à CEE – um contributo para repensar a adesão", Comunicação apresentada à Conferência sobre "Evolução recente e perspectivas de transformação da economia portuguesa", organizada pelo CISEP (ISE), in Volume IV, pp. 2829 a 2839, Lisboa, 27-29 de Abril de 1983.

- "A economia portuguesa face ao movimento de integração europeia – algumas reflexões" – art. in "Análise Social" n.ºs 72-73--74, 1982.

Contributo do
Professor Doutor Jorge Henriques Santos

Jorge Santos*

Coincidiu a aposentação do colega António Romão com o meu segundo mandato como Presidente do Departamento de Economia do ISEG. Instado a dizer algumas palavras no jantar em sua homenagem vasculhei na memória alguns momentos marcantes em que ele aparecia. Seleccionei três.

O primeiro foi quando entrei como aluno para o então ISCEF (Instituto Superior de Ciências Económicas e Financeiras) nos finais de 1968. Pondo de lado o choque do contacto com velhas e degradadas instalações (se as do meu liceu eram boas, não tinham as de uma universidade de ser forçosamente melhores?...), fiquei surpreendido com o fervilhar de ideias em encontros, seminários e artigos de revistas. Numa delas, de capa amarela (não me digam o nome...) havia um artigo do Sérgio Ribeiro que se iniciava com referências aos famosos "amigáveis" – jogos de futebol disputados no único e pequeno recinto onde se podia praticar desporto, e onde as canelas dos jogadores eram implacavelmente postas à prova. O nome do António Romão aparecia também nesse exemplar, era já reconhecido no Instituto, e comecei a aperceber-me da sua faceta interventiva, associativa e de liderança, que sempre o tem acompanhado.

---

* Presidente do Departamento de Economia, ISEG

O segundo situa-se muito perto do 25 de Abril de 1974. Acabadas as aulas na Buenos Aires, numa manhã cinzenta e fria, lembro-me de falar com ele sobre o livro "Portugal e o Futuro" do António de Spínola e dos militares que tinham sido presos recentemente. Espantei-me da sua calma e do sorriso com que me disse: espera mais uns tempos! Quando o 25 de Abril aconteceu recordei-me desta conversa. Como saberia ele tanto?

O terceiro não é propriamente um momento, mas um período, no pós-Francisco Pereira de Moura em que o ISEG foi, de facto, governado por uma "troika" de professores (nunca reconhecida pelos próprios...) e de que o António Romão era um dos pilares. Nele foi evidente o dinamismo e a liderança determinada que caracterizam o António Romão.

Numa carreira académica muito ligada à Economia Internacional e aos Estudos Europeus, o Departamento de Economia e o ISEG devem-lhe a criação de um centro de investigação nessas áreas bem como cursos de pós-graduação e de mestrado, alguns dos quais ainda em funcionamento.

O António Romão ocupou numerosos cargos, nomeadamente o de presidente do conselho directivo do ISEG, de vice-reitor da Universidade Técnica de Lisboa (e candidato a Reitor), sempre demonstrando uma transbordante e inesgotável energia de homem de acção.

Fui testemunha do seu enorme amor ao Instituto e do seu profundo desgosto com algumas campanhas de descrédito de que o ISEG foi alvo. É, e sempre foi, um "Homem do Quelhas", e faz parte da sua História. Que melhor homenagem poderia ter?

Abril de 2012

Contributo do
Professor Doutor José Lopes da Silva

José Lopes da Silva*

Associei-me com muito prazer à sessão de homenagem que em boa hora o ISEG decidiu prestar ao Professor António Romão.

Em 1999, quando decidi encarar a ideia de me candidatar a suceder ao Professor Simões Lopes no cargo de Reitor da UTL, fiz questão em ouvir um reduzido número de pessoas antes de tomar a decisão final, três das quais, por razões que não interessa explicitar, considerava como fundamentais. O Professor António Romão foi um deles. Propositadamente foi o último a ser abordado porque era meu propósito convidá-lo para ser um dos meus Vice-reitores. Sucintamente, a sua reacção ao convite foi a de condicionar a resposta ao conhecimento prévio das linhas programáticas que norteariam a minha candidatura, perguntando-me se tinha algum texto sobre o assunto e se lho podia enviar. Esta atitude, reveladora da forma responsável com que entendia tomar uma decisão, representou para mim a confirmação de quanto tinha sido acertado escolhe--lo para me acompanhar.

Tive assim a oportunidade de poder contar com o seu apoio inequívoco ao longo dos meus dois mandatos. Quer no que estivemos de acordo, quer naquilo em que a nossa visão não coincidiu, tive sempre da parte do Professor Romão uma posição séria e construtiva.

---

* Ex-reitor da Universidade Técnica de Lisboa

Foram muitas as responsabilidades que assumiu ao longo dos oito anos que trabalhámos juntos. Delas realço quatro em que a sua intervenção foi decisiva para cumprirmos a missão a que nos propusemos: A Presidência do Conselho Cientifico da Faculdade de Arquitectura durante o período da intervenção da Reitoria, a colaboração nas iniciativas de cooperação com os Países de Língua Oficial Portuguesa e, no segundo mandato, a delegação de competências na área financeira e a coordenação do programa de comemoração dos 75 anos da UTL.

Na Faculdade de Arquitectura foi decisiva a sua actuação no sentido de garantir o regresso ao funcionamento regular do Conselho. Da colaboração com os PALOP, realço o estudo visando, a solicitação do Governo da Província de Benguela, a criação de uma Universidade Pública na cidade de Benguela, bem como a colaboração da UTL nos programas de cooperação com Cabo Verde e Timor. O programa das comemorações dos 75 anos da UTL integrou um vasto conjunto de iniciativas que foram muito para além do que é habitual nestas situações. Devo o êxito de todas elas a vários colaboradores mas, para o alcançar, foi fundamental a coordenação do Professor Romão e o seu esforço para garantir os apoios financeiros que evitassem o recurso às já muito reduzidas verbas do Orçamento de Estado.

Poderia continuar a listar outras das suas contribuições relevantes. No entanto, as mencionadas são, por si só, suficientes para testemunhar quanto a Universidade pode usufruir da sua sabedoria e dedicação. Terminaria agradecendo toda a colaboração que dele recebi, componente decisiva para que tenha podido cumprir, no essencial, os propósitos que sustentaram a minha candidatura a Reitor.

Conhecendo-o bem, estou certo que continuará a dar o seu melhor em prole da sua Escola e da sua Universidade, nesta nova etapa que decidiu percorrer, para a qual lhe desejo, com amizade, as maiores felicidades e os maiores êxitos.

Lisboa 11 de Abril de 2012

PARTE II

CONFERÊNCIA "PORTUGAL, A EUROPA E A CRISE ECONÓMICA E FINANCEIRA INTERNACIONAL"

Crise Actual – Algumas Notas e Reflexões

António Romão*

Nota Prévia

Gostaria de saudar e expressar os meus agradecimentos ao Senhor Reitor da UTL, Prof. António Cruz Serra, ao Presidente do ISEG, Prof. João Duque, ao Prof. José Lopes da Silva, ex-Reitor da UTL, ao Prof. Bruno de Sousa, ex-Vice Reitor da UTL, ao Presidente do Departamento de Economia do ISEG, Prof. Jorge Santos, aos Colegas docentes e não docentes do ISEG, da Reitoria e de outras Faculdades da UTL, aos Alunos e ex-Alunos, aos Colegas de Curso, aos Camaradas e Amigos da Tertúlia Militar/"25 de Abril", *"and the last ,but not the least"*, um agradecimento muito especial ao Senhor Embaixador Francisco Seixas da Costa, pela sua amizade e disponibilidade em participar nesta Conferência e aos Colegas Professores António Mendonça e Joaquim Ramos Silva, actual Coordenador da Área de Economia Internacional e Desenvolvimento do Departamento de Economia do ISEG, pela participação e, sobretudo, pelo empenho na organização desta Sessão.

O meu reconhecimento vai também para os Serviços do ISEG, e em especial para a Helena Laymé, pelo trabalho dispendido na preparação desta iniciativa.

---

* Professor Catedrático do ISEG/UTL. Aposentado.

36 | Portugal, a Europa e a Crise Económica e Financeira Internacional

Meus Caros Colegas e Amigos muito obrigado a todos.

– Foi-me sugerido pelos Organizadores este Tema – (A Crise actual...); Sentir-me-ia mais feliz se esta Sessão fosse pretexto para abordar um Tema menos "pesado".

– Mas aceitei de imediato, pois é uma realidade a que não podemos fugir e que até é nosso dever como economistas, embora o Tema tenha outras dimensões mais amplas.

– Permitam-me que recorde aqui o seguinte:

Recentemente vi num canal de TV (SIC-Notícias, 28.01.12) uma entrevista com o Prof. João Lobo Antunes que, a certa altura, se mostrou admirado com as diferentes opiniões/posições dos economistas sobre a CRISE e a(s) saída(s) apontadas.

E PORQUÊ?

– Porque a Economia é uma Ciência Social, não é uma Ciência Exacta;

– Como Ciência Social não é "neutra", no sentido político-ideológico;

– Um Médico sabe que para tratar certa doença a "Solução é esta e não aquela"(e nem sempre assim é...tem dúvidas...)

– A Economia, sendo uma Ciência Social, é uma Ciência de "OPÇÕES" (políticas, de uma forma geral informadas ideologicamente) e estas têm repercussões sociais diferentes:

QUEM se beneficia, QUEM sai mais a perder, O QUE É o interesse geral/nacional e o Interesse sectorial/de Grupo e até pessoal...

– Trata-se (ou devia tratar-se) de gerir Recursos (em princípio públicos) para o Bem Comum;

– Mas o Prof. Lobo Antunes ficou mais tranquilo, ou menos inquieto, quando se lembrou de uma citação de KEYNES – em que este afirma que "ONDE HÁ 5 ECONOMISTAS HÁ 5 OPINIÕES E HAVERIA 6 SE ELE ESTIVESSE PRESENTE".

– A necessidade de preparar esta apresentação levou-me a aprofundar reflexões que tenho apresentado, nos últimos tempos, noutros locais, apesar do País estar hoje cheio de "Comentadores Encartados", alguns comentando o que ignoram, outros comentam o que outros comentaram, outros ainda comentam o que gostariam que tivesse acontecido ou sugerem, sem qualquer hesitação, o que poderá vir a acontecer.

– Também existem, felizmente, outros que comentam, do meu ponto de vista, com conhecimento de causa e com fundamentos, mas o sistema de independência e de imparcialidade instituído, regra geral, deixa-os à margem OU então, são solicitados para discussões marginais e/ou em locais e horários adequadamente seleccionados para não serem ouvidos ou lidos...

– Enfim, é a nossa Democracia!

– É o sistema que temos a funcionar, em que os principais responsáveis pela actual CRISE, directos ou indirectos, por acções ou omissões, são também os principais encarregados de explicar as Soluções que propõem, sem corar, e se possível e desejavelmente respeitando os mesmos princípios, instrumentos, políticas e instituições, i.e., dentro do mesmo Quadro conceptual e institucional, para salvaguarda dos mesmos interesses que precipitaram esta crise, que é estrutural e sistémica.

– Enfim, são estas as Regras do jogo; QUEM PODE IMPÕE.

– Obrigado a todos, mais uma vez ... E vamos a isto..., embora reconheça, desde já, que hoje é difícil dizer sobre este Tema muitas coisas originais, tanto mais que estamos num País em que a literacia em Crise parece ser superior à literacia em Portugês ou em Matemática, onde abundam os Licenciados em crise, quando não Mestres e Doutores...

Introdução

A crise actual, que se iniciou nos EUA em 2007, não é, como todos já pudemos vivenciar, uma mera "recessão", tão característica do sistema capitalista. Trata-se, antes, de uma crise profunda que resulta, do meu ponto de vista, de três factores essenciais:
- de natureza intrínseca ao funcionamento do sistema de economia de mercado;

– da crescente financeirização da economia globalizada e des-regulada;

– de desajustamentos, acrescidos pela acção e/ou omissão de Agentes políticos, económicos e financeiros – públicos e privados – num quadro em que o pensamento liberal (neoliberal, dirão muitos) se tornou dominante nas três últimas décadas.

Neste texto iremos concentrar-nos na crise actual, sem que esta opção nos possa fazer esquecer o seu enquadramento estrutural e temporal, isto é, a evolução no tempo do sistema económico capitalista e, em particular, a sua fase actual traduzida num aprofundamento do processo de globalização em que a dimensão financeira assumiu a predominância, projectando-se nas dimensões económicas, sociais e políticas.

Dado o grau de interdependência actual das economias e dos sistemas financeiros, a crise, que teve o seu "berço" além Atlântico, rapidamente ultrapassou fronteiras e reflectiu-se a um nível quase global. Digo quase global, porque há Zonas/Regiões/Países em que a crise ou (ainda) se não fez sentir ou teve um impacto menor e cuja recuperação se fez, ou se está a fazer, de maneira mais rápida e com menores custos económicos e sociais.

Nuns casos por "boas razões", como é, em geral, o dos países emergentes, noutros devido à sua situação marginal e ao fraco grau de integração no sistema económico mundial, como é o caso de regiões africanas. Nestas, a crise tem outras dimensões.

Na região geográfica e no espaço económico em que Portugal está integrado – a União Europeia – a crise fez-se sentir de maneira avassaladora. Por isso, antes de analisarmos a situação portuguesa teremos de fazer uma passagem, com algum detalhe, pela forma como a crise se fez sentir e a consequente reacção dos poderes instituídos na UE. Antes faremos uma pequena nota sobre as causas estruturais, para depois concluirmos com algumas reflexões sobre as saídas possíveis e/ou prováveis e as necessárias.

Eis o nosso guião para as páginas seguintes.

1. A crise actual – início e desenvolvimento

A actual crise não pode ser vista como algo desligado do seu enquadramento estrutural do ponto de vista histórico, nomeadamente nas suas dimensões económicas e financeiras, e à luz das perspectivas teóricas que têm sido predominantes nas últimas três décadas.

É o que faremos, sinteticamente, no ponto 2 deste texto.

Por agora procuraremos delimitar a crise nos seus aspectos mais visíveis e a sua sequência em termos de aprofundamento e de alargamento no espaço. Situamo-nos ao nível das suas manifestações.

Todos sabemos que esta crise, **ou melhor**, esta fase mais aguda da crise, foi desencadeada com a **crise de incumprimento** de pagamentos de créditos concedidos a famílias norteamericanas, que no auge da bolha imobiliária tinham sido levadas a contrair empréstimos sem terem condições para os pagar no futuro. Ficou também conhecida como a *crise do "sub-prime"*, ligada ao crédito hipotecário de alto risco.

Este incumprimento levou a uma **crise bancária**, com bancos a entrar em dificuldades e mesmo em falência (a do Lehman Brothers, em Setembro de 2008, ficou como o símbolo mais relevante). Simultâneamente as Bolsas de Valores começam a cair e a Confiança no sistema reduz-se drasticamente.

Nesta situação, a crise alastra-se ao Sistema Financeiro, quer nos EUA, quer fora dos EUA, com particular incidência na Europa (os casos mais evidentes, nesta primeira fase, foram os da Islândia, da Irlanda e do Reino Unido), transformando-se numa **crise financeira,** muito pela via dos investimentos de alto risco, sobretudo em produtos derivados, que tinham uma amplitude mundial.

Em 2008, dos cerca de 2300 mil milhões de euros que se transaccionaram nos mercados financeiros, somente 2,7% corresponderam a Bens e Serviços com sustentação real.

Com as Bolsas de Valores em queda e a fuga dos produtos derivados, os capitais especulativos refugiam-se nos metais preciosos (ouro sobretudo), nas matérias primas e nos produtos alimentares, que registam subidas de preços assinaláveis. Nesta fase estávamos perante uma **crise "privada"** do sistema bancário e financeiro, bem como das famílias, isto é, os Estados não estavam ainda fortemente envolvidos.

O grau de endividamento, o incumprimento, a falta de confiança e as dificuldades e falências no sistema bancário e financeiro levam a uma retracção na Procura Interna e Externa e esta leva a uma redução do nível de Actividade Económica (redução do PIB, dificuldades das empresas, baixa de investimento...), – a crise transforma-se assim em **crise económica**, isto é, estende-se à chamada Economia Real.

A crise económica, com todos os elementos atrás identificados e outros – falta de confiança, endividamento, incumprimento, falências, redução da procura, quebra no PIB e no investimento, desemprego, emprego precário, dificuldades de crédito, alterações nas taxas de juro e nos "spreads", etc. – leva a uma redução, quer dos valores dos activos, quer do nível de vida de grande parte da população, com o risco de aumento da Instabilidade Social. A crise transforma-se então em **crise social**.

Mas perante o agravar da crise, da sua amplitude e o risco da sua propagação, os Estados foram levados a intervir para tentar minimizar os danos e reganhar um pouco da confiança perdida no sistema.

Nesta fase, face à redução do PIB e do Investimento e ao aumento do Desemprego, os Estados são incentivados a aumentarem as Despesas Públicas, quer através do investimento, quer das despesas sociais, tal como são levados, para salvar o sistema bancário, a fazer intervenções nalguns bancos com recurso a dinheiro dos contribuintes (v.g. EUA, Irlanda, Reino Unido, França, Bélgica, Portugal...). A redução de actividade económica conduz também a uma redução das receitas fiscais.

Toda esta situação leva os Estados a aumentarem os seus Défices Orçamentais e as suas Dívidas Públicas (interna e externa).

Parte II – Conferência "Portugal, Europa e a Crise Económica ..." | 41

Na União Europeia, então sob a Presidência da França (2º semestre de 2008), os E-M foram incentivados a este procedimento para evitar uma ainda maior magnitude da crise.

Surge, então, o que ficou conhecido como a **crise das dívidas soberanas,** agora sim, já públicas, que se juntaram, em maior ou menor amplitude consoante os Estados, às dívidas privadas entretanto acumuladas.

No período mais recente, 2010/2011, como é conhecido, a crise das dívidas soberanas levou já três E-M da UE, Grécia, Irlanda e Portugal, a serem submetidos a intervenções do FMI, BCE e UE (C.E.) e outros E-M a serem ameaçados como a Itália, Espanha, Áustria, Bélgica e até a França, com a ajuda altamente nefasta e especulativa das três agências de rating dominantes no mercado (Standard and Poor´s, Moody´s e Fitch). Em meados de Janeiro último, a primeira das três agências baixou mesmo o rating de nove dos 17 Estados da Zona Euro, entre eles a França e a Áustria. Só restam com triplo A, nesta Zona, a Alemanha, a Holanda, a Finlândia e o Luxemburgo.

A crise das dívidas soberanas acabou por ter repercussões na esfera política, logo com **instabilidade e crise políticas**, com a Grécia e a Itália a substituirem governos sem recurso a eleições, sob a liderança formal de personalidades fortemente comprometidas com Instituições que estiveram no centro do agudizar da crise (v.g. veja-se o papel do banco Goldman Sachs). Não está aqui em causa o valor intrínseco dos Actores políticos afastados, mas sim o princípio. Outros Estados viram alterações de governos, como a Islândia, a Irlanda, Portugal e Espanha (para já!) na sequência de actos electivos.

Toda esta sequência de crises, **ou melhor**, de manifestações sucessivas e cumulativas da CRISE, tem como base, como suporte, uma **crise de modelo económico-social** e a gestão que dele foi feita nas últimas décadas, nas quais a perspectiva liberal se associou a um predomínio da globalização financeira na prática desregulada.

Ainda como elemento de suporte a todos estes níveis da CRISE está subjacente uma **crise ética e de valores**, que o processo de globalização, a orientação que tomou e as perspectivas dominantes de rentabilização rápida e de montantes crescentes por parte de minorias vieram facilitar.

2. A crise – uma visão estrutural

Vimos como se iniciou e propagou a actual crise. Mas não nos podemos concentrar na árvore deixando de lado a floresta.

Efectivamente, existem condições estruturais que permitem ajudar a compreender melhor a situação de crise que vivemos, fazendo apelo ao quadro de referência em que se insere e, talvez por isso, alguns economistas, oficiais e não oficiais mas úteis, mesmo que involuntariamente, chamem a atenção que a crise, no sentido mais restrito que lhe é atribuído pelas correntes "mainstream", pode continuar a fazer sentir-se ainda com grande intensidade nos próximos tempos, mesmo anos.

Neste quadro, talvez valha a pena ter presente a análise de Immanuel Wallerstein[1] inspirada em Fernand Braudel. A sua interpretação vai no sentido de pôr em evidência que a fase que o capitalismo vive actualmente corresponde à fase B do Ciclo de Kondratieff, a qual começou há cerca de 35 anos, após uma fase A, correspondente ao período do imediato pós-2ª guerra até aproximadamente 1975 (1945-1975), e que foi um período de grande crescimento económico nos EUA e na Europa Ocidental – os chamados 30 gloriosos anos – de reconstrução da guerra e recuperação de poder económico e a afirmação da hegemonia absoluta dos EUA.

Na fase A do Ciclo de Kondratieff a reprodução do sistema capitalista é assegurada pelos lucros obtidos na produção industrial ou outra de carácter material, enquanto na fase B o capitalismo, para assegurar o lucro, deve "financeirizar-se" e até refugiar-se na especulação. Se atentarmos bem, foi este o caminho recente do sistema e que levou à crise que se iniciou em 2007 nos EUA.

---

[1] Ver "Bilan du monde – 2009", edição Le Monde.

Trata-se, na perspectiva deste autor, de uma crise do sistema que, historicamente, foi capaz de produzir mais bens e serviços e gerar maior riqueza, mas também, atentados graves ao ambiente e desigualdades (relativas) sociais e regionais de grande amplitude. A crise verifica-se quando a estabilidade do sistema já não é ou não pode ser assegurada. A saída é encontrar um novo sistema, que não se sabe *à priori* qual é – não há aqui inevitabilidades nem determinismos históricos –, que pode ser melhor ou pior do que o sistema capitalista, tal como o conhecemos hoje. As forças em presença nesta crise não são só as defensoras e as adversárias do sistema, mas sobretudo os agentes ou actores dominantes, com os Estados, as empresas transnacionais (ETN) e o Sistema Financeiro à cabeça, de forma a controlar o evoluir da situação e reencontrar um novo equilíbrio, uma nova estabilidade. É esta nova estabilidade que não tem sido encontrada, e que é difícil encontrar.

Esta análise tem subjacente o desenvolvimento do processo de globalização e a progressiva desregulação que marca a actual fase da história do capitalismo.

A globalização começa por ser um *termo* que surge com maior frequência nos anos 60 e que se vai densificando, tornando-se num *conceito* mais presente nas nossas leituras e reflexões a partir dos anos 80[2], com o acentuar do processo de liberalização económica e sobretudo financeira – e a consequente prevalência do Mercado (máximo) face ao Estado (mínimo), como se fossem totalmente antagónicos! – e o extraordinário acelerar das mudanças operadas nas tecnologias de informação, comunicação e de processo.

---

[2] Sem atender às diversas posições que têm sido referidas, desde as que apontam o "início" da globalização com os Descobrimentos portugueses!... Não é nesse registo que nos queremos situar. Sobre este assunto ver a boa síntese apresentada por V. Magriço, no cap. 1 de "Alianças internacionais das empresas portuguesas num contexto de globalização tecno-económica", Tese de Doutoramento, ISEG, Lisboa, 2000.

44 | Portugal, a Europa e a Crise Económica e Financeira Internacional

Vejamos alguns elementos[3] que ilustram muitas das mutações operadas:

- enquanto o PIB mundial entre 1982 e 2010 cresceu, a preços correntes, de 5,25 vezes, as exportações totais multiplicaram por mais de oito e só as de mercadorias por cerca de 8,0. O crescimento do comércio ultrapassou largamente o da produção mundial;
- o peso crescente das ETN na actividade económica global – as vendas das suas filiais multiplicaram-se por 12,8 entre 1982 e 2010, as suas exportações por 9,8 (por 10,5 até 2008) e corresponderam a 9,9% (11% em 2008) do PIB mundial em 2010 (5,3% em 1982), os seus activos multiplicaram-se de 28 vezes, (34,26 vezes em 2008) e o emprego é 3,5 vezes superior (4 vezes em 2008) em 2010 face a 1982;
- o investimento directo estrangeiro (IDE) atingiu níveis de crescimento e em valor absoluto que traduzem bem o acentuar do processo de globalização, não só em termos de deslocalização de actividades globais, como de partes do processo produtivo, isto é, o acentuar da divisão internacional do processo produtivo (DIPP), face à tradicional divisão internacional do trabalho (DIT);

Em termos de fluxos (entradas) o IDE passou de 58 para 1697 mil milhões de USD entre 1982 e 2008, i.e., multiplicaram-se por 29. Em 2010 atingiu somente 1244 mil milhões de USD. Em 2008 estes fluxos correspondem a 141,4 mil milhões de USD por mês (cerca de ¾ do PIB português) e a 4,71 mil milhões por dia. Estes valores desceram em 2010 para 103 mil milhões por mês e a 3,45 mil milhões por dia. O stock de IDE (o que é mais significativo) cresceu, no período 1973-1996 a uma taxa de 13,8% ao ano e entre 1982 e 2010 passou de 790 para 19141 mil milhões de USD, i.e., multiplicou-se de 24,2 vezes;

---

[3] Cfr. A. Romão art. "Que nova NOEI?" Anexo. pag. 169, in Homenagem ao Professor Adelino Torres, Edições Almedina, Coimbra, Dezembro de 2010 e World Investment Report, 2011, UNCTAD.

Dois indicadores chegam para pôr em evidência o acentuar das desigualdades internas e externas aos países:

- Nos países desenvolvidos a parte do PIB que ia para o Trabalho era, em 1980, de 68%; vinte e cinco anos depois (2005) era somente de 61%.
- Nas relações entre países, constatamos que em 2005/6 o rendimento de 20% da população mundial que vivia nos países mais ricos era 75 vezes superior ao rendimento dos 20% que viviam nos países mais pobres (em 1960 esta relação era de 1 para 30), de acordo com o **Doc. nº 11366** da Assembleia Parlamentar do Conselho da Europa de 9 de Agosto de 2007.

O processo de globalização acentuou os ritmos dos fluxos comerciais e de investimentos e, nestes, os fluxos de curto prazo (transaccionados em bolsa) assumiram um peso crescente. Acentuou-se a financeirização da economia, a par do crescimento abissal da esfera da troca face á esfera produtiva.

A crescente financeirização da economia pode ser ilustrada através de alguns números que apresentamos de seguida:

- no final do século 20, os fluxos financeiros são 40 vezes superiores aos fluxos comerciais e o volume das transacções em bolsa (investimento de carteira) correspondia, em 2007, a 1,3 mil milhões de USD/dia, o que é um valor 65 vezes superior ao do comércio mundial;
- em finais de 2011 o volume das transacções financeiras correspondem a 70 vezes a produção mundial, quando em 1997 este valor era somente de 15 vezes;
- Wall Street empregava em Setembro de 2008 directa e indirectamente cerca de 320 mil pessoas, o que representava cerca de 5% dos empregos da "Grande New York", mas 25% dos salários e 10% dos impostos cobrados. Esta praça financeira representava um pouco mais de 6% da economia norte-americana. Por seu lado, a City londrina empregava cerca de 290 mil pessoas, representava cerca de 14% dos

salários londrinos e a sua actividade correspondia a cerca de 10% do PIB do Reino Unido[4].

O valor dos activos financeiros mundiais atingiu, em 2007, cerca de 196500 mil milhões de USD, o que traduz um aumento de 18% face ao ano anterior e representa 359% do PIB mundial[5].

Esta importância crescente das actividades financeiras acentuou, em simultâneo, as suas vulnerabilidades, tanto mais que a "criatividade" neste domínio foi particularmente "fecunda". J. Ferreira do Amaral[6] cita, por exemplo, que o valor dos contratos de derivados passou de 15% para 20% do PIB mundial entre 2001 e 2007. Em 2005, em período de alguma euforia ainda, o volume de derivados foi 35 vezes o valor das mercadorias e serviços transaccionados e entre 1992 a 2007 este volume passou de 4000 mil milhões para 596000 mil milhões de USD (cerca de 150 vezes mais). São valores astronómicos que nada têm a ver com a realidade substantiva, daí a sua elevada fragilidade.

A dimensão financeira atingiu tal importâcia que leva muitos autores a dedicar especial atenção às crises financeiras, como se fossem algo de autónomo.

Eichengreen e Bordo[7], em obra de 2002, identificam 139 crises financeiras entre 1973 e 1997 (sendo 44 em países desenvolvidos), contra 38 crises entre 1945 e 1971. Mesmo sem discutirmos agora de que conceito de crise estamos a falar, há uma realidade incontestável que é – por um lado, a hegemonia do financeiro sobre o económico e a progressiva vulnerabilidade à medida que novos mecanismos "virtuais" são criados e, por outro lado, o agravamento que se tem verificado nas últimas décadas e, particularmente nos últimos anos. É a sucessão de "Bolhas Especulativas", que veio a

---

[4] Ver "Manière de Voir", n.º 102, Décembre 2008-Janvier 2009.

[5] Ver Carla Costa, "Crises financeiras na economia mundial – reflexões sobre a história recente" Lição, Provas de Agregação ISCSP, Lisboa, 2009, pag 20.

[6] Ver "Le Monde Diplomatique", Ed. portuguesa, Janeiro de 2009.

[7] Citados por Carla Costa, op. cit. pag 21.

tornar-se numa das características fundamentais *deste* processo de globalização.

Esta evolução foi muito potenciada pela perspectiva económica liberal predominante, que se reflectiu no poder político dos principais centros de Poder mundial, a começar pelos EUA e estendendo-se aos principais E-M da União Europeia, depois mimetizados por forças políticas nos E-M periféricos ou não centrais.

Tudo isto acompanhado pela forte integração dos mercados e, em particular, na sua esfera financeira.

O desenrolar do processo de globalização, a predominância da sua dimensão financeira, a perspectiva liberal de organização e gestão das economias a das sociedades, levou a estruturar e a desenvolver um conjunto de instrumentos que permitiu conduzir à situação que vivemos actualmente.

Dentre estes destacaremos os seguintes:

– a ausência ou fraca regulação financeira;
– o desvirtuar da missão central e da actuação dos bancos, enquanto intermediários entre a captação de Poupança e o Investimento;
– a misceginação entre a banca comercial e a banca de investimentos;
– o desenvolvimento a níveis impensáveis dos chamados Produtos Derivados, sem qualquer contrapartida real, permitindo a proliferação de produtos mais tarde chamados "tóxicos";
– a importância atribuída ao papel das Bolsas de Valores, em que o que contava era proceder a manipulações que aumentassem a capitalização bolsista das empresas, mesmo sem qualquer contrapartida real;
– daí a importância atribuída à apresentação de Contas Trimestrais por parte das principais empresas cotadas, com relevância para os lucros imediatos, mesmo que disfarçados;
– na sequência destes Resultados eram atribuídos "Bónus" (remunerações extravagantes) aos Executivos dessas empresas que chocavam com a Realidade empresarial e social.

E não se venha argumentar que se trata de empresas privadas, logo podendo repartir os lucros como entendessem os seus accionistas. Na realidade, trata-se de um **capital social**, obtido no mercado através da actividade desenvolvida e que, no fim da linha, acabam por ser os consumidores-contribuintes a suportar;

– processa-se, assim, uma acumulação de capital financeiro sem contrapartida real, abrindo campo à especulação nos mais variados domínios (imobiliário, moedas, acções, petróleo, matérias primas, produtos alimentares, ouro, etc.);

– tudo isto convenientemente acompanhado de transferências de capital para praças **Offshore**. Um estudo de 2010 do FMI estimava que só as contas dos Offshores das pequenas ilhas registavam fluxos financeiros de pelo menos 18 milhões de milhões de USD (cerca de um terço do PIB mundial) e que cerca de 1,5 milhões de milhões de dinheiro sujo é branqueado anualmente através de **Paraísos Fiscais**[8]. Cerca de 50% das trocas mundiais transitam por estes Paraísos, o que dá bem uma ideia do nível de fuga e evasão fiscais (**Cfr Relatório** "Promouvoir une politique appropriée en matières de paradis fiscaux" de M. Van der Maelen, da Assembleia Parlamentar do Conselho da Europa, (APCE), AS/EC (2011)18 rev.2, de 29 de Novembro de 2011);

– neste processo têm um papel relevante e com grandes benefícios, as **Agências de Rating**, mesmo quando provadamente co-responsáveis por muitas acções deliberada ou potencialmente criminosas ou próximas do crime.

---

[8] A OCDE define-os a partir de quatro critérios: 1. Taxação muito fraca ou mesmo ausência de impostos, 2. Falta de transparência e muito fraca supervisão financeira, 3. Legislação que impede a troca efectiva de informação para efeitos fiscais com outros Estados, 4. Inexistência de obrigação de qualquer actividade económica real registada no território em causa. Enquanto Offshores são Contas ou Empresas sediadas em Paraísos Fiscais.

Este foi, em termos gerais, o quadro no qual germinou e se desenvolveu a actual crise.

3. A crise na Europa (UE)

A propagação da crise norte-americana às economias e sociedades europeias, em particular às que integram a UE e a Zona Euro em especial, é facilmente compreensível dada a forte interligação que existe entre os dois espaços, e que se foi reforçando no pós 2ª Guerra, sob a hegemonia absoluta dos EUA.

Devemos ter presente que a constituição da CEE em 1957, após a experiência bem sucedida da CECA (1951), traduz a concretização de um **projecto político-económico** que podemos resumir em **cinco aspectos essenciais**:

- como instrumento para assegurar/consolidar a Paz na Europa (Ocidental), em particular entre a França e a Alemanha;
- funcionar como "barreira" política e económica à expansão e influência da URSS e, assim, reforçar, institucionalmente, a aliança com os EUA;
- alargar os mercados para a economia norte-americana, em crescendo de influência, processo no qual o Plano Marshall tem um importante papel;
- salvaguardar/consolidar o polo de economia de mercado capitalista na Europa Ocidental, após algumas incertezas resultantes da 2ª Guerra Mundial, e servir de elemento de referência para as economias do Centro e Leste da Europa;
- associado à Paz na Europa Ocidental e à recuperação e consolidação da economia de mercado, este projecto contempla ainda a defesa dos Direitos Humanos previstos na Carta das Nações Unidas e a defesa da Democracia pluralista e representativa.

Esta síntese consubstancia aquilo a que chamo **PROJECTO EUROPEU**, bastante recorrente nas análises e re-análises que se fazem hoje. Sucede que, a par deste Projecto, existem os **PRO-JECTOS NACIONAIS EUROPEUS**, isto é, aquilo que é a **visão** de cada Estado-membro (E-M) na defesa dos seus interesses nacionais no quadro da CEE e actual UE. A capacidade de cada E-M para "impôr" a sua visão, i.e., o seu projecto nacional, depende do seu poder económico e político no conjunto regional. Para melhor compreensão do que está em causa, basta pensar em três ou quatro exemplos para se verem bem as diferenças existentes.

A **Alemanha**, ninguém duvida, tem um projecto nacional para concretizar no âmbito da UE, e tem capacidade para isso mediante as alianças adequadas. É aquilo a que chamamos uma **Economia Estruturante** na UE. O projecto alemão, também não restam dúvidas, é substancialmente diferente do do Reino Unido, por exemplo. Depois podemos interrogarmo-nos sobre que projectos têm pequenos Estados como, por exemplo, a Eslováquia ou a Lituânia, que vão além de procurar uma protecção política, com alguns benefícios económicos e financeiros.

E Portugal tem um projecto nacional para o seu enquadramento na UE?

Do meu ponto de vista não o tem explicitamente e não teria capacidade para o concretizar. Quando muito, o projecto português é integrar-se e adaptar-se ao evoluir do processo de integração europeia, salvaguardando alguns dos princípios básicos do Projecto Europeu que atrás referi, e retirar alguns benefícios financeiros que possam contribuir para a chamada "convergência" com os E-M mais desenvolvidos.

Como se notou, introduzi aqui outro conceito – o de **PRO-CESSO DE INTEGRAÇÃO EUROPEIA** – que traduz o processo prático, empírico, através do qual, no âmbito do Projecto Europeu, se vão concretizando as visões e interesses nacionais dos diferentes E-M. Este processo traduz, a cada momento, a relação de forças entre os projectos nacionais estruturantes e os projectos nacionais estruturados, uns e outros com "nuances" nas diferentes fases do processo europeu.

É no quadro atrás descrito que devemos ler e analisar a evolução da CEE/UE.

A história económica mostra-nos que nos períodos de crescimento económico o processo de integração económica avança sem grandes percalços. Em contrapartida, em perídos de fraco crescimento, de recessão ou de crise, os interesses nacionais vêm ao de cima e tornam-se predominantes, face aos chamados interesses regionais ou comunitários.

Tem sido assim ao longo dos anos.

Nos anos 60, por exemplo, foram antecipados os prazos para a constituição da União Aduaneira; nos anos 70, na sequência da crise internacional então vivida, a nota de maior relevo terá sido a criação do Sistema Monetário Europeu (SME) em 1979.

Nos anos 80 há uma certa retoma económica e, em simultâneo, um avanço no aprofundamento do processo de integração, através do Acto Único Europeu (AUE) – 1985/6 –. Este é dominado pela criação do Grande Mercado Interno (MI) e, como medida compensatória para os E-M mais vulneráveis em função dos resultados assimétricos do MI, pelo reforço das verbas para a Coesão Económica e Social, através da duplicação dos Fundos Estruturais (Pacote Delors I).

Nos anos 90, mas já em fase recessiva, foi aprovado o Tratado da União Europeia (TUE) que previa a criação da União Económica e Monetária (UEM), com os respectivos requisitos (critérios de convergência nominal) e a adopção da moeda única, a criação do Banco Central Europeu (BCE) e a consequente perda de autonomia das políticas monetárias e cambiais pelos E-M aderentes à Zona Euro.

Com a criação da UEM também houve consciência de que os seus efeitos assimétricos iriam criar dificuldades acrescidas a alguns E-M mais vulneráveis, daí novo reforço dos Fundos Estruturais e a criação do Fundo de Coesão para apoio a esses países (Pacote Delors II).

Para salvaguarda do Euro e da própria UEM, na sua perspectiva, a Alemanha impôs condições para a fase subsequente através da adopção do Pacto de Estabilidade e Crescimento (PEC), que é mais estabilidade (perspectiva alemã) e menos crescimento (perspectiva francesa), procurando prevenir situações de "défices excessivos" no futuro, para os quais previu sanções. Na prática estes dois E-M foram dos primeiros a ser confrontados com "défices excessivos", o que levou à "flexibilização" do conteúdo do PEC.

Paralelamente ao processo de aprofundamento (AUE, TUE/ /UEM e mais tarde o Tratado de Lisboa), assistimos também a sucessivos alargamentos. Passámos dos 6 fundadores para 9 E-M em 1973 (R.Unido, Irlanda e Dinamarca), nos anos 80 para 12 (Grécia, Portugal e Espanha), nos anos 90 para 15 (Áustria, Suécia e Finlândia) e já neste século para 25 e depois para os 27 actuais, com a adesão da Malta, Chipre, dos três países Bálticos e de sete países da Europa Central e Oriental (Polónia, R. Checa, Hungria, Eslováquia, Eslovénia em 2004 e, três anos depois, a Roménia e a Bulgária).

Nem todos os alargamentos tiveram o mesmo significado e idênticas repercussões e consequências no conjunto regional pela heterogeneidade que introduziram na CEE/UE e consequentes resultados assimétricos para os diferentes E-M. Daí também mais dificuldades na gestão económica e política do processo de integração.

De referir também que sempre foi mais fácil avançar na integração dos mercados e na integração monetária, e bastante mais difícil nas áreas económicas e sociais. Este enviezamento é consequência do pensamento liberal e dos interesses dominantes nos E-M com influência determinante no processo de integração.

É neste quadro evolutivo, e tendo presente o que se disse atrás sobre a natureza, origem e desenvolvimento da crise, bem como se estrutura o Poder na UE, que chegamos à situação que vivemos actualmente e assistimos a tentativas falaciosas de encontrar saídas para a crise, **enquanto a UE se vai germanizando**.

Na fase incial, o agravamento da situação levou ao descrédito do pensamento e das propostas de acção política das correntes neoliberais que vêm dominando nas últimas décadas a gestão política e económica dos Estados, em particular nos países desenvolvidos.

Mas passados que foram os primeiros sobressaltos o pensamento e a acção neoliberais recuperaram o protagonismo. Mesmo a nível do G20, que ainda procurou em 2008 e 2009 equacionar uma resposta coordenada à crise, não foi possível encontrar ambiente favorável a tal desiderato. Daí que as suas decisões fossem marcadas, no essencial, não só por divergências, como também por opções indiciadoras de pretender superarar a crise recorrendo às mesmas Instituições e com Regras e Políticas quase inalteradas.

Temos que reconhecer a capacidade de sobrevivência deste tipo de interesses, traduzidos em Teoria, Políticas, Regras, Instituições e Agentes. Daí o caminho para a irrelevância actual do G20 no que diz respeito ao combate à crise.

Acresce que os países emergentes sentiram bastante menos a crise (a China teve um crescimento real do PIB em 2009 de 8,7%, a India de 5,6% e o Brasil estagnou) e foram os EUA, o Japão e a UE que mais sofreram as consequências, com taxas de crescimento negativas de 2,4%, 5%, e 4,2%, respectivamente, naquele ano.

No caso da UE, o que agora aqui nos interessa, o impacto da crise foi naturalmente assimétrico, dado o ponto de partida e a heterogeneidade das economias europeias.

Devido à sua posição dominante, a Alemanha assumiu desde o início a liderança na orientação a tomar para encontrar as **saídas possíveis de acordo com os seus interesses**, quando o que era preciso seriam as **saídas possíveis e necessárias** para salvaguarda das economias da Zona Euro e da UE.

A sua posição de país excedentário no Comércio Externo e a influência do Poder Económico e Financeiro, levaram a Alemanha e pequenos E-M seus aliados para uma posição de impôr aos restantes E-M políticas de ajustamento estrutural, pela via das tradicionais políticas de austeridade, recessivas, e de reformas chamadas estruturais, com custos sociais elevadíssimos. Estamos perante a opção de "castigar os infractores".

A prioridade absoluta foi dada à necessidade de reduzir os défices orçamentais e externos que, com a ajuda de "hesitações" voluntárias por parte dos países dominantes na UE e o forte contributo, mais uma vez, das Agências de Rating, levaram a uma subida significativa das taxas de juro no mercado da dívida pública, o que justificou a implementação de programas de assistência financeira (assim chamados, para não chocar tanto...) na Grécia, Irlanda e Portugal e fortes pressões sobre a Itália, Espanha e, com menor intensidade, noutros E-M.

As tentativas de encontrar soluções transitaram de Cimeira em Cimeira, sempre com meias decisões ou decisões adequadas à afirmação do poder da Alemanha sobre os restantes E-M. Esta política de "hesitação" pode configurar uma estratégia de Poder na UE.

Assim foi criado o FEEF, em Maio de 2010, com regras restritas de actuação e capital insuficiente (250 mil milhões de euros) e recusadas alterações na forma de actuação do BCE, que fossem além da garantia da estabilidade dos preços, tal como foi posta de lado, até ao momento, a emissão de obrigações europeias (eurobonds), em que o risco seria partilhado, o que faria baixar as taxas de juro no mercado.

O BCE foi levado a ir saindo da sua ortodoxia fundacional e a fazer intervenções na aquisição de títulos dos países com maiores dificuldades, mas não de forma directa, bem como foi recusado o seu papel de garante em última instância da emissão de títulos por países da Zona Euro.

A UE, e a Zona Euro em particular, é assim, não só "vítima" do que se passou nos EUA, como de limitações próprias inerentes às correntes teóricas e às políticas dominantes, deixando criar uma situação de impasse que favorece os países mais fortes e os Agentes activos nos mercados financeiros, e pondo em causa aquisições sociais nos E-M, desde o Mercado de Trabalho, passando pelos Sistemas Educativos e de Saúde, até à Segurança Social. Tudo isto acompanhado de um empobrecimento da população em geral, nomeadamente das classes média e baixa e um consequente agravamento das desigualdades sociais.

Na recente Cimeira de final de Janeiro último foi aprovado o Tratado sobre a Estabilidade, Coordenação e Governação da Zona Euro e já se admitiu que seria necessário pensar em medidas que pudessem relançar o crescimento económico, embora pouco se avançasse. A Alemanha insistiu no chamado "pacto orçamental" de maior limitação ao défice orçamental, de 0,5% do PIB, de preferência inscrito na Constituição ou em lei equivalente, o que é uma verdadeira violência dos mais fortes face aos mais fracos, para não dizer um absurdo económico-financeiro.

Neste Tratado, de dezasseis artigos (2 introdutórios, 3 finais, 6 sobre disciplina orçamental, 3 sobre coordenação económica e 2 sobre governação), é bem evidente a prioridade que é dada à disciplina orçamental e ao seu controlo pela UE (Conselho e Comissão), com a previsão de recurso ao Tribunal Europeu de Justiça por qualquer das Partes a requerer sanções financeiras, que podem ir até 0,1% do respectivo PIB e cujo montante reverte para o Mecanismo Europeu de Estabilidade (MEE).

O Reino Unido e a República Checa recusaram este Tratado, cuja ratificação, e consequente entrada em vigor, está ainda por demonstrar.

Mas o facto de a Cimeira já ter falado, pela primeira vez, da necessidade de relançar o crescimento económico, sob pena de a política de austeridade só gerar mais austeridade e não criar as condições para amortizar no futuro a Dívida Pública, bem como a decisão recente do BCE de injectar liquidez a três anos, constitui já um passo significativo no sentido do que muitos economistas não "mainstream" vinham a defender. É um primeiro passo, muito insuficiente, para uma saída da actual situação de crise na UE.

Estas tentativas de soluções avançadas de raiz neoliberal, embora com ligeiros avanços, como referi, estão longe de propostas alternativas que têm toda a justificação para salvaguardar o Estado Social europeu e pôr a Europa a crescer, **tendo presente a necessidade de consolidação orçamental e de reduzir, nalguns E-M, o peso da dívida pública, sobretudo a externa**. Mas por razões já atrás apresentadas, o **vector da solidariedade europeia**, sobretudo em momentos de crise, é na UE, tal como está estruturada e funciona, **uma miragem**.

4. A crise em Portugal – causas internas e reflexos da crise internacional

Portugal convive desde há muito com uma crise persistente que se deve a **problemas de caracter estrutural, de gestão e de comportamento.**

Quanto aos problemas de **natureza estrutural**, julgo que os podemos agrupar num conjunto que poderemos designar como **os dez défices de Portugal,** designação que fará inveja à apetência do jornalismo de "caixas" que hoje é regra no nosso País.

E quais são esses défices?

Do meu ponto de vista creio que os mais relevantes podem apresentar-se como segue, sem preocupações de hierarquização:

1 – **Défice de Formação**, formal e informal, quantitativa e qualitativa, que leva a um superavit de **"achismo"**, i.e., o português, mesmo ignorando o(s) assunto(s) **acha sempre qualquer coisa**.... Isto não obstante os progressos registados nos últimos anos no domínio da Formação;

2 – **Défice na Coesão Social**, com acentuado grau de desigualdade na repartição do rendimento e na distribuição da riqueza;

3 – **Défice na Coesão Territorial,** com grandes assimetrias regionais num País de dimensão relativamente reduzida;

4 – **Défice de Responsabilidade e de Responsabilização** aos mais diversos níveis, desde o simples cidadão, mas sobretudo ao nível dos responsáveis políticos, económicos e sociais, de que o fenómeno da corrupção é um dos mais visíveis, assim como o enriquecimento rápido e não justificado ou mesmo criminoso (v.g. casos BPN, BPP e outros), associado a **Bloqueamentos no Sistema de Justiça**, que são demasiado evidentes;

5 – **Défice na Capacidade Organizativa e Empresarial**, que funciona como um bloqueio, quer a nível das empresas, quer das diversas Administrações públicas e privadas;

6 – **Défice de iniciativa, de empreender e assumir o risco** que, com o anterior explica, em parte, o fraco desempenho económico e, em particular, o empresarial;

7 – Défice Produtivo traduzido numa estrutura produtiva vulnerável e dependente, com baixos níveis de produtividade e, consequentemente, de competitividade, embora este seja um indicador compósito, para o qual os défices anteriores também contribuem com a sua quota-parte;

8 – Défice de Autonomia do País e das suas Elites e de Auto--estima, conjugado com excesso de Lamentação, que leva a menorizar e sub-estimar o que é feito ou produzido internamente e a sobre-estimar, por vezes a roçar a subserviência, o que é externo ou vem de fora;

9 – Défice Orçamental, que traduz o desequilíbrio estrutural entre a capacidade de gerar receitas, com justiça social, e as necessidades de realizar despesas públicas, com critério e responsabilidade;

10 – Défice Externo, que resulta de uma balança comercial estruturalmente deficitária e de as outras componentes da balança de pagamentos, com mutações ao longo do tempo (emigrantes, turismo, outros serviços, IDE, etc...), não compensarem o défice comercial.

Como é facil de constatar muitos destes défices estão fortemente interligados, como seria de esperar, aliás.

A estes défices estruturais que, com pequenas alterações, se mantêm no essencial, **outros factores** vieram ampliá-los ou acrescentar-se, **em parte também resultantes de alguns dos bloqueios estruturais.**

No âmbito regional e mundial há **seis pontos marcantes** que influenciaram o evoluir da situação económica e financeira portuguesa:

- a liberalização dos mercados com a criação do Mercado Interno (1993), através do AUE (1985/86), para a qual as empresas portuguesas, na sua maioria, não estavam preparadas;
- a liberalização dos movimentos de capitais, sobretudo os de curto prazo que estão na origem de posteriores (e actuais) movimentos especulativos;

- a criação, prematura para Portugal, da UEM, com um Euro sobrevalorizado (e valorizou-se de 44% face ao USD de 02.01.2002 a 02.01.2012) e que foi desenhado para uma economia como a alemã, mas não para a portuguesa. Acrescem as regras impostas ao BCE que o impedem de actuar no mercado no apoio aos E-M e à economia real, tal como o fazem a Reserva Federal dos EUA e o Banco de Inglaterra. A crise actual tem vindo a mostrar esta limitação;
- o impacto da liberalização resultante da criação da Organização Mundial do Comércio (1995), com a entrada de novos concorrentes no mercado (v.g. China e outros países asiáticos), não obstante um período de carência de dez anos;
- o alargamento da UE aos últimos doze E-M que, na sua maioria, eram fortes concorrentes de Portugal em vários domínios (Força de trabalho, IDE, Fundos Estruturais, etc). Estudos feitos antes de 2004 demonstravam que Portugal seria dos E-M mais afectados negativamente por este alargamento;
- finalmente, como assinala Pedro Leão, (in edição portuguesa de *Le Monde Diplomatique* de Outubro de 2011), entre 1999 e 2009 o saldo das Remessas dos Emigrantes reduziu-se de 1,5% do PIB, o preço do Petróleo aumentou e com ele o défice energético de 2,0% do PIB e o aumento da Dívida Externa implicou o aumento de pagamentos ao exterior (em particular Juros) de mais 2,7% do PIB.

Para além destas razões que designei de carácter estrutural, podemos identificar depois outro tipo de causas que relevam do tipo de **Gestão que é feita e do Comportamento individual e colectivo** e que se tornaram mais evidentes no período pós-adesão à CEE/UE.

Efectivamente, poderemos dizer que a adesão de Portugal em 1986 permitiu, sem dúvida, progressos consideráveis em vários domínios, particularmente numa maior abertura do País e dos portugueses, um certo cosmopolitismo (não confundir com o "novo riquismo" que se veio a verificar...), certa convergência económico--social real, a construção de uma rede de infra-estruturas básicas modernas, a modernização de alguns sectores produtivos e de serviços. Isto é conhecido. Em 2006 tive a oportunidade de ser Organizador e Co-autor de um livro[9] em que se procurou fazer um balanço dos primeiros 20 anos de adesão.

Por outro lado, produziu também alguns efeitos nefastos, tais como:

- instalalação de uma mentalidade de falso desenvolvimento irreversível, com a criação de um clima de euforia, deslumbramento e facilitismo que levou a comportamentos irresponsáveis;
- criação de condições para o aparecimento e desenvolvimento de processos de corrupção (no sentido lato), de enriquecimento fácil, ...;
- o País foi conduzido a um sobre-investimento em estruturas físicas, umas de responsabilidade central, outras regionais ou municipais, estimulado por Fundos Estruturais e por interesses, políticos e económicos;
- o enfraquecimento técnico da Administração Pública (com início nos anos 80) levou a um excessivo recurso ao Outsourcing nos mais diversos domínios, com particular destaque, pelos montantes envolvidos, para as Empresas de Consultoria e para as Sociedades de Advogados, que elaboram os projectos de lei, que mais tarde vão interpretar e contribuir para a sua aplicação, para além de muitos dos deputados, que participam directamente no processo legislativo, exercerem também a profissão de advogados, muitas vezes defendendo interesses privados em disputa com o Estado;
- uma parte do nosso sistema produtivo foi fortemente atingido pela concorrência de estruturas mais fortes e por polí-

---

[9] António Romão (Org.) – "A Economia Portuguesa, 20 anos após a adesão" – Edições Almedina, Coimbra, 2006.

ticas comunitárias que lhe eram desfavoráveis (v.g. agricultura e pescas...);
- criação de um ambiente favorável ao desenvolvimento dos Serviços, em particular dos Financeiros, e a um sobre-investimento no sector dos bens não transaccionáveis, (v.g. Grandes superfícies comerciais, Construção e Obras Públicas...)
- após a adesão ao Euro criou-se a ideia, sem fundamento como se veio a verificar com esta crise, de que a pertença à Zona Euro colocava o País a coberto dos riscos de um endividamento excessivo, pois haveria a partilha de responsabilidades;
- a adesão ao Euro levou também a uma redução das taxas de juro, o que teve como consequência, fortemente incentivada pela Banca, um endividamento crescente das empresas e das famílias a par da própria Banca nacional. Hoje a Dívida Privada é superior à Dívida Pública, numa relação aproximada de um pouco menos de 200 mil milhões de euros para um valor muito superior aos 300 mil milhões.

Não obstante todas estas perversões, julgo que o saldo da adesão é positivo, mas é necessário assegurar a sua boa gestão política e económica e uma saída "aceitável" para esta crise e seguintes...

Portugal adere a uma CEE que é muito diferente da actual UE e num quadro mundial também radicalmente diverso. O País foi sendo confrontado com desafios para os quais não estava convenientemente preparado, a começar pelo esforço para a convergência nominal a fim de aderir à Zona Euro, em 1999.

No pós-adesão ao Euro, com a valorização deste face ao dólar US (já atrás referida) e com as limitações introduzidas pelo PEC, os bloqueios estruturais que persistiram e algumas políticas inadequadas, ou até, nalguns casos, roçando a irresponsabilidade política, económica e social, o país foi levado para uma situação de sucessivos défices orçamentais e de agravamento das dívidas pública e privada que impunham uma correcção de trajectória.

Julgo que este facto é incontestável.

A questão que se pode e deve colocar é como abordar esta situação e como superá-la?

Bem sei que, para além do vector solidário na UE em momentos de crise não existir ou ser bastante relativo, também temos que ter em conta que há um problema político de fundo que se traduz na legitimação democrática dos Governos se fazer a nível nacional e a assunção de responsabilidades financeiras ter lugar a nível comunitário. Há aqui um vasto campo para a demagogia, para o populismo e até para a chantagem.

Aliás, é bem significativa a afirmação de Jean-Claude Junker, Presidente do Eurogrupo, quando afirmou "todos sabemos o que fazer, mas não sabemos como ser eleito depois de o fazer", citado no *Público* de 04.02.2012.

As forças e interesses políticos, económicos e financeiros dominantes na UE, em particular na Alemanha, enquanto país estruturante, levaram à imposição a Portugal, como contrapartida de financiamento externo, de um Programa de Ajustamento com as duas conhecidas componentes essenciais: por um lado, uma política de austeridade, de carácter recessivo, com redução do nível de vida da população (aumentos de impostos e redução de salários e de prestações sociais), o aumento do desemprego e, por outro lado, reformas ditas estruturais, que passam, sobretudo, por uma grande desregulação do Mercado de Trabalho, privatizações de empresas públicas ou de participações públicas em empresas estratégicas, dificuldades acrescidas no acesso à Saúde e à Educação públicas e com uma maior intervenção do Sector Privado.

Dá-se a coincidência (ou não...) de este Programa ser um excelente pretexto para pôr em prática uma Agenda político-ideológica de natureza neoliberal, para cuja concretização dificilmente haveria condições sem a intervenção do FMI, BCE e UE(CE).

5. Que saídas?

A procura de uma saída para a crise em Portugal só pode ser feita no âmbito da UE, visto que o país não tem hoje autonomia, como já a não tem desde a adesão, e que se foi reduzindo à medida que se aprofundou o processo de integração.

Houve quem, em certo momento, por razões estritamente políticas, quando não grotescamente partidárias, colocasse o acento tónico da responsabilidade na gestão política interna. Sem ignorar as responsabilidades internas, já atrás referidas, desde sempre ficou claro, para quem acompanhasse informadamente a evolução económica, a influência determinante da crise internacional, tal como atrás caracterizada.

Quando se procura uma saída para a actual crise, com manifestações de diversas amplitudes nos diferentes Estados, devemos ter presente a perspectiva de I. Wallerstein, já atrás referida.

Este autor identifica as causas da crise no desenvolvimento do sistema capitalista, que entrou em crise por desajustamentos e cujo equilíbrio só será alcançado por "aproximações sucessivas", "*tâtonnement*", como refere. E não se sabe qual o resultado dessas tentativas. Pode surgir uma reacção do capital, em particular do financeiro, e assistirmos a um retrocesso social e político ou haver forças políticas e sociais que levem a mutações progressivas no actual sistema, i.e. tornar o modelo mais justo, mais equitativo, mais sustentável financeira, económica, social e ambientalmente.

Isto significa dizer que não há qualquer determinismo histórico, com um modelo pré-determinado, tudo dependendo das dinâmicas sociais e políticas.

Tendo presente esta condicionante de fundo, julgo que **podemos equacionar quatro possíveis saídas para a crise**, sendo que **duas delas (H1 e H2)** são manifestamente, pelo seu radicalismo, **improváveis** no curto e médio prazos e as **outras duas (H3 e H4)** são aquilo a que chamo a **Saída possível e provável** e a **Saída possível e necessária**.

Destas, uma delas (H3) é, por enquanto, a mais provável, embora sem sucesso assegurado, antes pelo contrário, sendo esta uma matéria onde podemos encontrar bastantes sugestões e "nuances", pelo que a originalidade neste domínio está fortemente comprometida.

Vejamos então as quatro hipóteses:

H1 – É a saida que passaria por um aprofundamento do processo de integração, alargando o vector supranacional a novos domínios, v.g. união política, orçamento, defesa, política externa, etc... a caminho de uma FEDERAÇÃO.

Seria uma hipótese aceitável para alguns E-M, ou porque já são Estados Federais ou porque esta opção poderia ajudar a resolver problemas políticos e económicos internos.

Estão neste grupo países como a Alemanha, a Áustria, a Itália, a Bélgica, a Espanha e a Holanda, por exemplo.

Mas é uma saída muito pouco provável num horizonte previsível. E até é discutível que seja desejável.

Efectivamente, a História e as Identidades Nacionais na Europa constituem dificuldades inultrapassáveis à luz do que hoje conhecemos na UE. Não há condições políticas, económicas, sociais e culturais para avançar para tal solução.

O que não quer dizer que seja impossível que novos domínios, para além dos que já hoje têm um carácter supranacional, não venham a adquirir esse estatuto.

H2 – Renunciar ao Euro/UEM seria a outra hipótese radical que não me parece aceitável para o Núcleo Duro da actual Zona Euro centrado na Alemanha e integrando a França, a Holanda, a Bélgica, a Àustria e o Luxemburgo, pelo menos.

É bom não esquecer que esta hipótese seria como que uma espécie de regresso às origens, visto que quando foi discutido o TUE, que previa a criação da UEM, esta não contemplava a adesão de muitos dos países que viriam a integrá-la logo desde o início ou posteriormente. Não houve foi a coragem política para excluir países que, formalmente, cumpriram os critérios nominais estabelecidos para a entrada na UEM.

Isto não exclui a hipótese de haver, no futuro, saídas selectivas, embora com custos sociais muito elevados.

H3 – É a saída que continua a ser possível e a mais provável até ao momento da preparação deste texto e consiste em prosseguir na via que tem sido seguida, sob a pilotagem da Alemanha, i.e. trata-se da germanização da Zona Euro e da UE, e que podemos sintetizar como segue:

- a visão da Alemanha (e de alguns pequenos E-M seus aliados objectivos) é de "castigar" os E-M com défices excessivos e dívidas públicas elevadas, agitando perante as respectivas opiniões públicas a imagem de Estados e Sociedades irresponsáveis, não rigorosos. Mesmo que parcialmente haja algo de verdade, esta não é a causa determinante e não pode ser a mensagem a passar num espaço como o da UE;
- assim, foi dada prioridade absoluta a políticas de austeridade com uma componente de consolidação orçamental e outra de reformas ditas estruturais sem preocupações com os reflexos económicos e sociais, com reduções de salários e de pensões, desregulação do mercado de trabalho, aumento de impostos, reduções e restrições na acesso à saúde à educação e às prestações sociais, privatizações... Tudo o que é conhecido do Memorando assinado com a "Troika", que tem subjacente a defesa de um Estado "mínimo" e de um Mercado "máximo";
- tais políticas, como tem sido insistentemente dito por muitos economistas, leva ao aumento do desemprego, à redução da procura interna, através do consumo privado e do consumo público, a uma redução do investimento público pela via da redução dos gastos públicos e do investimento privado pelas dificuldades das empresas em encontrar escoamento para a sua produção, para além de dificuldades em obter financiamento, quer interno, quer externo;
- resta a procura externa através de um aumento da competitividade pela desvalorização salarial, mas acontece que os custos do trabalho têm um peso médio relativo baixo nos custos finais e que basear uma estratégia de conquista de quotas de mercados externos na redução salarial não é acei-

tável para um país como Portugal. Além disso, cerca de ¾ das exportações potuguesas vão para E-M da UE e como os maiores clientes de Portugal também têm dificuldades internas e as transacções são feitas na mesma moeda, a probabilidade de poder sustentar o crescimento económico com base na procura externa é bastante mais reduzida. Acresce que, como este tipo de políticas se estende a vários países, num espaço económico com elevado grau de integração as probabilidades de ter sucesso com esta política são ainda menores;

– a experiência alemã e a sua transposição para os Tratados europeus, fez com que os Estatutos do BCE fixassem como missão deste a estabilidade dos preços, limitando bastante a sua intervenção como Banco Central, quer no financiamento monetário das economias dos E-M da Zona Euro, quer podendo funcionar como último garante da dívida emitida nos mercados; o seu papel fica, assim, bastante limitado no apoio ao crescimento económico quando o comparamos com a Reserva Federal dos EUA ou com os Bancos Centrais da Inglaterra ou do Japão;

– a recusa alemã de mutualização da dívida pública dos Estados da Zona Euro, através da emissão de títulos europeus, os chamados eurobonds;

– uma certa complacência com as Agências de Rating dominantes no mercado e de origem norte-americana, não obstante ser conhecido o seu papel e a sua responsabilidade no surgimento e no desenvolvimento desta crise.

Perante o recente evoluir da crise algumas pequenas cedências ou alterações já são visíveis, por exemplo na actuação do BCE, ao adquirir títulos no mercado secundário em montantes consideráveis e com prazos mais dilatados e ao conceder liquidez ao Sistema Bancário Europeu. De igual forma a anunciada criação do Mecanismo Europeu de Estabilidade (MEE) representa um avanço face ao actual FEEF.

Mas não serão suficientes para superar as actuais dificuldades e a prazo leva não só à ausência de crescimento económico, aumento do desemprego, ao desagregar do Estado Social nos países mais vulneráveis e a uma redução insustentável do nível de vida, como também, e em consequência, à hipótese de incumprimento e de eventuais saídas selectivas "forçadas" da Zona Euro.

H4 –A solução possível e necessária passa, no quadro actual da UE, por alterações mais profundas na orientação política, o que pressupõe mudanças nas forças políticas que governam os E-M determinantes, a começar pela Alemanha e pela França. Trata-se de uma Condição Necessária mas não Suficiente, e ainda exigirá alguma coordenação em certos domínios (v.g. a nível do FMI) com outros países do G20.

Não é difícil, nem original, enunciar um conjunto de medidas necessárias para enfrentar a actual crise, numa perspectiva de crescimento económico e de sustentabilidade orçamental e da dívida externa (pública e privada), sem esquecer a questão de fundo levantada pela análise de I. Wallerstein.

Assim teríamos como medidas a tomar:

A nível global
– necessidade de introduzir uma maior regulação no processo de globalização. Até o Financial Times, uma das Bíblias do "mainstream" económico e dos negócios, em Editorial de 27.12.2011 propôs "Regular e reduzir o sistema financeiro".

Procurando não ser ingénuo, penso que alguns limites, restrições ou mesmo proibições podem ser introduzidos pelos Estados e/ou Organizações Internacionais, desde logo a nível do G20, por exemplo, na limitação do poder do sistema financeiro, das agências de rating, ...

– limitar ou proibir os Paraísos Fiscais. Bem sei das dificuldades em criar consenso sobre esta matéria;

– introduzir restrições à liberdade de circulação de capitais, sobretudo os de curto prazo, com caracter especulativo;

– limites à criação e transacção de produtos derivados;

– separar a Banca Comercial da Banca de Investimento, reduzindo o grau de exposição dos depositantes a investimentos de elevado risco e que muitas vezes desconhecem;

– limitar a acção dos Hedge Funds, dos Private Equity Funds, ...

– taxar as transacções financeiras (a famosa Taxa Tobin);

A nível europeu

– alterar os Estatutos do BCE de forma a poder actuar como verdadeiro Banco Central, alargando a sua missão muito para além de garante da estabilidade dos preços;

– adoptar uma política que no domínio cambial fosse mais competitiva, face ao dólar US, por exemplo;

– criar uma Agência Pública Europeia de Rating, independente dos Estados, a fim de reduzir ou acabar com o domínio das três agências norte-americanas;

– mutualizar a dívida pública da Zona Euro, partilhando assim os riscos, através da emissão de eurobonds...;

– caminhar no sentido de uma harmonização fiscal, para acabar com situações de concorrência desleal como as da Irlanda, Holanda e Luxemburgo, por exemplo;

– lançar programas de investimento público e apoio a investimento privado inovador e criador de emprego, financiado pelo BEI, pelos Fundos Estruturais e pela capacidade de captação de financiamento nos mercados pelo MEE;

– aumentar a competitividade europeia, em particular dos E-M mais vulneráveis com base no conhecimento, novas tecnologias e inovação (isto não é novidade); os Fundos Estruturais devem ser reorientados para Sectores produtivos avançados e portadores de inovação;

– combater os défices comerciais com maior rigor nas importações e uma melhor exploração das oportunidades em mercados externos, em particular em países terceiros, para reduzir a dependência dos mercados europeus. O que pode passar também por revisitar a política industrial na UE, que durante muitos anos foi vista como algo de "ultrapassado", deixando todo o espaço para a afirmação industrial da Alemanha, que já era, em si, uma forte potência industrial;

Nalguns destes domínios já se avançou alguma coisa, mas sempre por força das circunstâncias e nunca como uma opção assumida, podendo ir até a uma ideia que acho simpática, embora saiba que pouco provável de concretizar, e que consiste na tentativa de propôr a inventariação, sobretudo nos E-M mais vulneráveis, da **Dívida Pública legítima**, que deve ser suportada pelos contribuintes **e qual a que deve ser imputada a actuações ilegítimas** (v.g. caso do BPN em Portugal, que parece um "poço" sem fundo!... Ficam legítimas dúvidas sobre a não nacionalização da Sociedade Lusa de Negócios ...).

A nível de Portugal, dada a sua (quase) total dependência da UE tudo o que se disse atrás teria grandes vantagens e aplicação, mantendo o objectivo de consolidação orçamental e de redução da dívida pública, sobretudo externa, a ritmos compatíveis e **articulados** com uma política de crescimento económico, **sob pena** de Austeridade levar à Recessão e esta à necessidade de mais Austeridade, com dificuldades de obter financiamento, aumento do desemprego, redução do nível de actividade económica e consequente agravamento das Finanças Públicas e da Dívida Pública, até se chegar à **necessidade objectiva e urgente de ter de renegociar a dívida**, nos seus prazos, montantes e taxas de juro, numa situação mais difícil.

ISEG, 8 de Março de 2012

Portugal numa Europa em Mudança

*Francisco Seixas da Costa**

Começo por agradecer o amável convite que recebi para estar aqui hoje. Esta é uma ocasião feliz, que nos permite atingir dois objetivos: por um lado, homenagear um amigo e uma figura destacada da vida académica desta casa e, por outro, debater algumas temáticas que a todos nos preocupam.

Comecemos pelo primeiro ponto: a homenagem. Julgo que, entre os presentes, haverá pessoas bem mais qualificadas do que eu para falar do António Romão, como uma personalidade que ficou ligada à história do ISEG. Por isso, e naturalmente, não irei por esse caminho. O António Romão que eu conheço, já há quase quatro décadas, é um amigo e companheiro de algumas aventuras, políticas e militares, que mobilizaram alguns da nossa geração. Às vezes, tenho alguma dificuldade, perante pessoas mais novas ou que não partilharam os entusiasmos cívicos desses tempos, em explicar a especificidade do nosso radicalismo de então, o simplismo quase ingénuo das soluções em que, à época, tanto nos empenhávamos. Assumo plenamente esse património de aventura, todo esse mergulho num tempo em que procurávamos apressar o futuro, aproveitando as oportunidades que o presente de então nos abria.

Foi por esses caminhos que encontrei o Romão, apresentado por um amigo que lamento imenso que não possa estar hoje aqui: o

---

* Embaixador de Portugal em França e junto da UNESCO.

António Alves Martins. Fazíamos parte, com outros que estão nesta sala, bem como alguns outros que já não temos conosco, como o Agostinho Roseta, de uma geração inquieta, mais ou menos identificada politicamente, mais ou menos embebida nas doutrinas limite que então estavam em voga. Uma geração que, como disse há dias outro amigo dessa geração, o José Maria Brandão de Brito, agora está de saída. Mas que, à época, não estava.

Nesse ambiente, há que dizê-lo, o António Romão transmitia sempre um ar de ansiosa serenidade, como aquele sorriso franco e aberto que lhe conhecemos, passando mensagens radicais embrulhadas numa aparência de imenso bom senso, que eram ouvidas com atenção por muitos, em especial por quantos então procurávamos que nos escutassem. Nesses tempos agitados, que pressentíamos como uma oportunidade única para consagrar alguns saltos históricos, tínhamos a perdoável simplicidade de considerar que o que fazíamos era definitivo e sem recuo.

Nesses debates, que atravessavam quem tinha poder de decisão e quem, como nós, pretendia ter um poder de influência sobre essa mesma decisão, recordo que o António Romão era uma voz escutada com atenção, detentor de uma matriz teórica que ia bem com o "l'air du temps". Julgo que ele, tal como eu, podendo, aqui ou ali, convir hoje em que algumas opções tomadas foram erradas, outras muito erradas, não se arrepende do sentido global do caminho por onde seguiu. E se o tempo nos ensinou, por banhos frios de realismo, que o voluntarismo é, muitas vezes, uma miragem descolada de certo sentido prático, estou certo que o António Romão comunga comigo na vontade de não renegar essas heranças, porque elas são, no seu contraditório, o caldo comum de cultura de uma geração a que temos imenso orgulho de pertencer. Por isso, a minha presença aqui é, essencialmente, um testemunho pessoal, um abraço geracional ao Romão, que hoje é também um pretexto feliz para juntar alguns outros "compagnons de route".

E feita esta brevíssima e muito impressionista referência ao nosso homenageado, passo àquilo em que assenta o debate que mobiliza o nosso quotidiano – Portugal, a crise e as receitas para lhe fazer face.

Começo por referir, como tive o cuidado de dizer ao professor Ramos Silva, quando recebi o amável convite para aqui estar, que me não sinto qualificado para fazer assentar o que vou dizer em quaisquer dimensões técnicas de natureza económica. Desde há muitos anos, só falo daquilo de que julgo saber alguma coisa, fruto do que faz parte do meu quotidiano de trabalho ou de interesses. Por isso, recuso fazer incursões em áreas em que a minha especialidade não vai além da conversa de "café du commerce", como se costuma dizer nas terras onde agora vivo. Nestes tempos em que não há bicho careta que não dê "bitaites" sobre economia, eu não vou por aí.

Optei assim por trazer à vossa consideração algumas ideias soltas que fui maturando sobre a Europa, sobre o papel desta no mundo e, muito em especial, sobre o que hoje somos, como comunidade nacional, nesses contextos – europeu e mundial. Algumas dessas ideias são do domínio do mero senso-comum, outras poderão ser menos consensuais e, finalmente, algumas outras são meras constatações de facto, relativas ao país que hoje somos.

A primeira ideia que aqui deixo, porque, de certo modo, é dela que tudo o que vou dizer de seguida decorre, é a de que o projeto europeu, aquele a que Portugal aderiu, a partir de 1986, hoje já não existe, nos parâmetros em que então assentava. Quero com isto dizer que o modelo de relação inter-nacional e inter-institucional que enquadrou a nossa adesão, bem como os os primeiros anos da nossa participação naquele projeto, já se desvaneceu e, a meu ver, não tem a mais leve hipótese de ser reconstituído. Dito isto, não quero dizer que a Europa comunitária não exista. Ela existe, só que é uma outra Europa, diferente nos seus equilíbrios, pelo que já é muito diferente é a nossa posição relativa dentro dela. E isso faz toda a diferença.

O modelo a que então aderimos tinha uma ambição que hoje constatamos ser limitada em matéria de projeto, partia dos consabidos equilíbrios geopolíticos tributários da conjuntura do pós--guerra europeu, em especial dos temores que vinham dessa guerra e dos que foram depois instilados pela "guerra fria". Esse modelo incluía fórmulas de auto-limitação na afirmação de certos poderes nacionais, que o tempo veio a provar que só eram compagináveis com um grau de integração pouco desenvolvido.

Não era um modelo estático, como o tempo foi provando, mas era um modelo cuja dinâmica foi limitada, até certa altura, por algumas constantes que não eram postas em causa. Além disso, o formidável cimento que o sustentava tinha uma forte colaboração das pressões e das ameaças geopolíticas exógenas. Quero com isto dizer que é precisamente o termo da União Soviética, bem como das tensões que ela comportava no seu "near abroad", que acelerou algumas ambições dentro do projeto europeu, que acabaram por conduzir à respetiva mutação genética.

Diz-se muitas vezes que a Europa optou por levar a cabo precipitadamente os seus alargamentos, em especial os últimos, antes de proceder ao seu aprofundamento. Isso não é verdade. Se olharmos para o percurso de densificação de políticas que a Europa comunitária percorreu, no período após 1989, verificamos com facilidade que foram dados passos da maior importância, quer no aprofundamento das políticas existentes, quer na introdução de novas políticas. Pode argumentar-se que muitas dessas políticas não tinham atingido um estado ótimo de maturação, antes de se passar ao alargamento geográfico da União, mas é indiscutível que, paralelamente, se avançou imenso no seu aprofundamento. Aliás, há uma constatação muito fácil de fazer: basta verificar a diferença entre o acervo negociado por Portugal para a sua entrada para as então "comunidades europeias" e aquele cuja observância foi e é exigida a candidatos posteriores.

O surto de ambição dentro do projeto europeu foi a decorrência normal da assunção, pela Europa, da consciência do seu papel como uma potência potencial – e desculpem a cacofónica expressão. A Europa comunitária, fruto do indiscutível êxito da concretização de algumas das suas políticas, perante um mundo que tinha mudado de qualidade com o fim da URSS e da preeminência geopolítica do mundo bipolar, sentiu que tinha uma oportunidade de se afirmar como um poder autónomo. A Europa pressentiu que poderia ser um importante congregador de vontades políticas, sob um "template" democrático e um referencial de valores humanistas, com uma capacidade excecional de se afirmar como um "soft power" de referência, indutor de estabilidade e de paz na sua vizinhança.

A fragilidade conjuntural da Rússia foi uma "janela de oportunidade" que deu ao modelo de sociedade de mercado, criado a ocidente do continente, a ilusão de que poderia, com alguma facilidade, fazer uma espécie de "colonização política" a leste. Em perspetiva, é impressionante a "naïveté" com que o alargamento foi olhado, pela não ponderação das dificuldades de adoção e implementação do acervo, na ilusão de que a entrada desses países seria neutral para a matriz do projeto europeu pré-existente.

Ora bastava olhar um pouco para trás para se concluir que assim não seria. Todos os anteriores alargamentos haviam introduzido mutações qualitativas, mais ou menos importantes, no processo comunitário, porque a "qualidade" dos novos integrantes é também feita das suas ideosincrasias próprias e da herança – histórica, política e geoestratégica – que acarreta consigo. Basta pensar nos Estados bálticos, e da "importação" pela União das suas tensões com a Rússia, para se perceber melhor o que quero dizer. E olhem-se também os problemas emergentes num país como o Hungria, um evidente testemunho de que, no seio da grande família europeia, estamos muito longe de partilhar, com seriedade, certos princípios comuns, em moldes que excedam a forma.

Portugal foi apanhado neste cruzamento de ambições da Europa. A oportunidade que, tal como à Espanha, nos foi dada para partilhar o projeto integrador juntava uma necessidade nossa com um interesse europeu. Tendo entrado para as instituições comunitárias no último "bom momento", antes da necessidade geopolítica de absorver os emancipados do "socialismo real", soubemos fazer um razoável processo de aproveitamento económico dessas vantagens, coisa que muitos que aqui estão melhor saberão qualificar do que eu.

Mas esse percurso, que teve a sua quota de sucesso, foi marcado também por alguns desfasamentos face àquilo que era a média dos interesses que já se projetavam em Bruxelas. Posso estar enganado, mas parece-me que fomos o país da Europa "a quinze" que mais atrasado estava no seu processo de reconversão produtiva quando a Europa se abriu mais fortemente à globalização, logo após o Uruguai Round do GATT. Quero com isto dizer que a maturação, pelo nosso país, das vantagens decorrentes de uma entrada relativamente atempada na Europa comunitária acabou por não se concretizar em pleno. E, neste particular, quase que pode dizer-se que, de certo modo, fomos vítimas do êxito do projeto europeu.

Isto remete-nos para um ponto que aqui me importa em particular – o nosso papel na Europa, o lugar onde hoje estamos e a forma como atuamos no quadro global.

De uma forma simplista, julgo que se pode dizer que a Portugal estava bem mais confortável numa Europa que já não existe. Numa Europa onde prevaleciam equilíbrios de poder estabelecidos por um contrato que, na realidade, tinha muito mais a ver com a política e muito menos com as dimensões económicas em presença. Essa era a Europa que tinha tomado a decisão de acolher as novas democracia que derivavam das duas ditaduras ibéricas. Era a Europa que olhava para as dimensões externas dos antigos impérios como valores acrescentados para a sua própria projeção, onde Portugal fazia de "grande potência" pós-colonial e elevava a voz em Bruxelas quando se falava de África. Era a Europa em que o nosso país, com alguma sabedoria tática e um benévolo cinismo estratégico, se conseguia colar àquilo que era o "politicamente correto" do seu projeto, de que os alargamentos eram o caso mais evidente. Foi esse o tempo de um "bom aluno" que, anos mais tarde, cresceu em ambição, até se colocar no centro do desenho da "Estratégia de Lisboa".

Que nos resta hoje dessa Europa? Sem ironia, resta talvez apenas um efeito colateral desse passado: o lugar ocupado pelo dr. Durão Barroso.

Uma das obrigações de quem tem algumas responsabilidades de Estado é ser lúcido e ter a coragem para afirmar as coisas como as vê. Por isso, entendo que é muito importante que saibamos ser realistas quanto ao modo como Portugal é hoje olhado, como país, no quadro internacional. Esse choque de realidade é talvez a única forma de podermos gizar algumas soluções suscetíveis de reverter alguns caminhos que trilhamos.

Voltemos um pouco atrás. Talvez não faça bem à nossa auto--estima aceitar o facto de que, ao longo dos últimos dois séculos, Portugal é pressentido como um país em franco declínio. Mas, no entanto, isso é um facto. Desde a perda do Brasil, passando pela tutela britânica, tudo isso agravado pela crise política que desembocou numa longa ditadura, demos mostras de ser um país com imensos problemas – desde as contas públicas à estabilidade cívica.

O 25 de Abril abriu um tempo novo no modo como passámos a ser vistos por esse imaginário externo. Não deixávamos de ser pobres, de ser olhados como "o norte do sul", de nos serem atribuídos todos os vícios comportamentais ditos mediterrânicos, para além de sermos desprovidos de riquezas próprias e, mais importante do que isso, de uma massa crítica cultural que permitisse criá-las. Essa nossa fragilidade tornava-nos, aliás, curiosos objetos de uma certa antropologia política, a qual, somada a uma benévola leitura das nossas opções mais recentes – o fim do tempo colonial e a aceitação da democracia –, desencadeou, em nosso torno, uma onda de boa vontade que, com alguma habilidade, diplomática e não só, soubemos explorar.

A entrada para as instituições europeias viria a ser o corolário dessa aceitação num "clube" que precisava de aquietar, com algumas injeções financeiras para o desenvolvimento, o seu espaço de vizinhança próxima. A tal nossa "habilidade", para além de algumas opções e alianças oportunas, fizeram com que nos colocássemos, com algum sucesso, num caminho de progressão que parecia indiciar que estávamos a queimar etapas. Aqui por esta casa saber--se-á, porventura melhor, que isso não passava de uma certa ilusão de ótica, que os fundamentais de uma reversão das nossas debilidades estavam longe de ser atingidos. Mas a ilusão foi tão persistente que, até entre nós, acabou por desencantar descobridores de oásis...

Com a progressão do processo integrador europeu para níveis que, a certa altura, passavam a derivar menos do voluntarismo e muito mais da realidade objetiva das coisas, o modelo institucional foi evoluindo, de modo a melhor refletir, no processo decisório, o peso real dos Estados.

É nesse choque com a realidade que um país como Portugal perde. Perde porque o seu favorável estatuto relativo, aceite pelos outros, tinha muito de simbólico e pertencia a um tempo diferente do tal processo integrador. Perde porque, entretanto, não conseguiu maturar, por incapacidade própria, todos os efeitos das ajudas e todas as oportunidades que a pertença à União lhe haviam proporcionado. Perde porque, ao ser colocado sobre a mesa, de forma flagrante, a nível da instituição Conselho, o peso relativo dos Estados, com base em fatores objetivos, isso fez desaparecer a importância da mediação equalizadora da Comissão Europeia, que, de certo modo, nos protegia.

Esta difícil situação, que vinha a desenhar-se há anos, que já provocava dificuldades de gestão do processo europeu – e permitam-me dizer que sei do que falo –, acaba por ser consagrada em letra de lei pelo Tratado de Lisboa, essa peça de fixação formal de todo esse percurso. A deriva que ele traduziu, em claro desfavor do projeto europeu e abrindo caminho a um lamentável modelo de preeminência intergovernamental, ainda está para ser bem avaliada.

Mas, se olharmos friamente para o estado de coisas na Europa, nestes tempos de gestão da crise financeira, quase que nos devemos perguntar onde é que anda o próprio Tratado de Lisboa, se ele não foi já ultrapassado por um novo modelo de poderes. E este cenário, que nos é altamente desfavorável em termos de representação institucional, é extremamente perigoso num tempo em que a crise económico-financeira se abateu, de forma muito pronunciada, sobre Portugal.

Neste novo tempo, em que os mercados olham de forma diferenciada as "assinaturas nacionais" por detrás da dívida pública, obviamente que um país como o nosso vê desaparecer, quase de um dia para o outro, a benévola cortina de fumo que iludia a sua própria fragilidade. E o resultado está aí.

Que fazer?, como diria um cavalheiro que muito teorizou o Estado. Neste caso, o que podemos fazer? As opções não são muitas, até porque há muita coisa que não depende de nós. Diria, contudo, à luz da experiência, que há três coisas que temos de tentar fazer bem.

Desde logo, parece-me óbvio que, aos olhos exteriores, Portugal só tem vantagem em poder levar a cabo, com rigor e mostras de empenhamento, o seu atual processo de ajustamento. Não vou entrar na polémica sobre o modo como cumprir o que foi assinado com as instituições internacionais, com medidas adicionais ou não, com necessidade de "inventar" políticas de estímulo ao crescimento. Esse é outro debate, sobre o qual tenho opinião, mas em que, como compreenderão, me não compete intervir.

O que se me afigura importante, num tempo em que somos olhados de viés, em que alguns confirmaram as desconfianças que sobre nós sempre alimentaram, é tentar ser transparentes naquilo que estamos a fazer, sem truques nem cosméticas insulares, por forma a que quem nos avalia – é triste ter de constatar isto, mas é assim mesmo – possa ser servido por toda a informação disponível. Nenhum outro cenário tático é possível, tanto mais que, como sabemos, muito daquilo que nos afeta não depende de nós, por mais gesticulação que façamos. Sempre me irritou o conceito do "bom aluno", mas, nesta conjuntura, acho difícil fugir dele.

E isto conduz-nos à segunda questão que temos de resolver bem.

A Europa, nos seus mecanismos funcionais de cíclica rotina, não parou. Vem aí uma negociação das novas perspetivas financeiras, já em 2013. Partimos para esta negociação, que é vital para os nossos interesses, com as mãos muito pouco livres. Tive responsabilidades na negociação da Agenda 2000 (2000-2006) e sei da complexidade que têm estes processos, da importância de podermos "bater o pé" em certas ocasiões, das compensações e acomodações de interesses que sempre têm de se fazer.

Esta negociação vai ser muito difícil para Portugal, tanto mais que, em teoria, não podemos de todo excluir que ela venha a coincidir, temporalmente, com um eventual momento de reformulação dos arranjos que estão em vigor entre Portugal e as instituições financeiras que nos prestam ajuda. Se isso assim for, a nossa margem de manobra na negociação do quadro financeiro plurianual da União Europeia estará ainda mais reduzida. Devo dizer que não invejo o papel de quem tiver de estar nestas frentes negociais, em 2013.

E, concluo, com a terceira coisa que temos de fazer bem.

Refiro-me à política externa, em termos gerais. Todo o conjunto de debilidades, estruturais e conjunturais, que atrás referi não suspendem o país das suas responsabilidades no plano internacional. Temos menos margem de manobra, temos porventura menos meios, mas, para parafrasear, desta vez de forma não abusiva, a expressão de um amigo de muitos de nós, há mais Portugal para além da "troika".

Temos uma diplomacia instalada, com provas prestadas, pronta a ser utilizada por uma política externa que, nem por ser mais difícil nestes tempos, deixa de ser possível de executar. Devemos exigir à nossa diplomacia, com um mínimo de meios, uma ação empenhada, eficaz, seja no bilateralismo económico, seja nos âmbitos multilaterais, onde há, convém lembrá-lo, outras coisas a cuidar, para além dos cifrões: as relações preferenciais, a política da língua, os interesses da nossa diáspora, o prestígio criado nas intervenções em matéria de preservação da paz, a coerência da afirmação dos princípios, a colocação de personalidades em lugares importantes, etc.

Temos talvez de reformular, neste contexto de exigência, não apenas a nossa hierarquia de prioridades mas, eventualmente, a nossa política de alianças, sem desnaturarmos aquilo que o mundo muito preza em nós: a nossa previsibilidade como ator externo.

São estas as três coisas que há que fazer bem.

Mas será que o que nos interessa é apenas "passar bem" aos olhos dos outros? Não é apenas isso que importa, mas, infelizmente, num tempo em que as nossas debilidades estão a condicionar a nossa autonomia decisória, temos de passar por este exercício de imagem.

Muito obrigado pela vossa atenção.

As dimensões da crise económica e financeira atual: A economia global, a Europa e Portugal

António Mendonça[*]

1. Introdução

Falar da crise económica e financeira atual transformou-se numa espécie de exercício sadomasoquista. É difícil encontrar alguma coisa para dizer que já não tenha sido repetida até à exaustão por outros. A observância dos dados, por sua vez, não convida a qualquer leitura, já não direi otimista mas, pelo menos, menos pessimista da evolução futura. O que quer que se diga, ainda, que não se encaixe nos padrões das políticas restritivas e da ideologia da austeridade, agora rebatizada como austeridade expansionista, é completamente submergido pelo discurso moralista da formiga e da cigarra, do norte trabalhador contra o sul preguiçoso, da necessidade de expiação dos excessos do passado, da necessidade de regredir nos padrões de vida como forma de reencontrar o caminho de uma suposta salvação coletiva. Isto é verdade em Portugal, mas não deixa de ser verdade lá fora, sobretudo no espaço económico em que o país de integra e de que se encontra dramaticamente dependente para as suas opções imediatas.

Esta realidade, no entanto, não nos deve impedir de continuar a refletir sobre o tema e a aproveitar este meio privilegiado, que

---

[*] Professor Catedrático do ISEG.

é a academia e a investigação desinteressada que ela proporciona, como forma de aprofundar o conhecimento sobre a situação económica que estamos a atravessar e a procurar caminhos para a resolução dos problemas com que nos defrontamos.

Não queria deixar de sublinhar a este propósito o papel insubstituível do ISEG, enquanto Escola, neste debate. Ao longo do seu século de existência a Escola teve sempre um papel interventivo na sociedade portuguesa, pelas mais diferentes formas, e foi capaz, não obstante todos os condicionalismos, internos e externos, de ser um centro produtor de inovação e de lideranças que marcaram positivamente a sociedade portuguesa até ao momento presente. É necessário que assim continue e que não se deixe perturbar pelos eventos efémeros ou pelas vantagens do alinhamento com o poder – seja ele qual for – prescindindo de um posicionamento ativo, critico, mas construtivo, na reflexão que está em curso sobre o futuro do país e da sua inserção na Europa e no Mundo e na procura das melhores soluções para os problemas que temos pela frente. Esta é a tradição da Escola que deve ser assumida e reforçada. Que a comemoração do centenário possa também ser um reencontro da Escola com a sua identidade e com o reconhecimento desta vertente fundamental da sua missão.

Vamos então ao tema que é proposto para esta sessão de homenagem ao nosso colega António Romão: *"Portugal, a Europa e a crise económica e financeira internacional"*.

Tendo em conta a exiguidade do tempo disponível irei, apenas, abordar alguns dos aspetos que me parecem mais cruciais em cada uma das dimensões em que o tema é colocado e, ainda, enquanto hipóteses de trabalho que, necessariamente, requerem maior aprofundamento e confronto com a evolução dos factos. Por razões de conveniência metodológica e não de falta de respeito para com a ordem enunciada, começarei pela crise económica e financeira internacional, passarei pela Europa e terminarei em Portugal.

2. A crise económica e financeira internacional

Em primeiro lugar uma questão metodológica prévia e que tem a ver com a forma como poderemos apreender as diversas dimensões da crise internacional e, em particular, as suas expressões no plano da economia portuguesa. Proponho-me considera--la numa dupla dimensão geral espaço/tempo, com subdimensões regionais, global, europeia e nacional e subdimensões temporais de carácter estrutural e conjuntural. Trata-se de uma crise, simultaneamente estrutural e conjuntural, da economia global, com expressões particulares, no plano regional e nos planos nacionais. Mas importa reforçar o carácter fundamental de crise da economia global, cujo epicentro se situou no sistema financeiro global e cujo detonador foi a chamada crise do "subprime" nos Estados Unidos. A partir daqui, a crise espalhou-se por sucessivas ondas de impacto que ainda não é claro que tenham perdido a sua dinâmica original.

O quadro 1, procura sistematizar estas diferentes dimensões em questão e, simultaneamente, apresentar uma hierarquia da sua importância relativa nos diferentes contextos em análise (XXXX – Maior; X – Menor).

Quadro 1: Dimensões da crise

Espaço / Tempo	Nacional	Europeu	Global
Conjuntural	XXX	XX	X
Estrutural	XXXX	XXX	XX

2.1. A dimensão cíclica da crise

Tem-se comparado a crise económica atual, em resultado da complexidade e da gravidade dos problemas que desencadeou, com a crise dos anos trinta do século passado. Sem pôr em causa o paralelo, pensamos que a referência mais importante para a compreensão da sua natureza está mais perto temporalmente e situa--se no início dos anos setenta, quando teve lugar a primeira grande crise do pós-guerra, que interrompeu o chamado período dourado de crescimento da economia mundial. Esta crise, para além da sua dimensão e particularidades, como seja o facto de ter trazido consigo um fenómeno inteiramente novo que foi a estagflação (conjunção de recessão e inflação), deu lugar também a um processo de reestruturação da economia mundial, acompanhado de um novo sistema de referências ideológicas e teóricas que configuraram a emergência e afirmação de um novo paradigma de cariz liberal, em rotura com o paradigma anterior dominante intervencionista.

É interessante notar, ainda, que um outro resultado da crise dos anos setenta foi o reaparecimento da dinâmica cíclica de funcionamento da economia mundial, existente, de forma visível, até à crise dos anos trinta, mas que parecia ultrapassada em resultado da intervenção reguladora do Estado e do forte e contínuo crescimento que se produziu nos quase trinta anos que mediaram a sua eclosão, no último trimestre de 1973, e o fim da segunda guerra mundial.

De então para cá, e descontados outros episódios de crise mais localizados e específicos, o fenómeno cíclico tendeu a manifestar-se com uma regularidade próxima dos dez anos, tendo-se sucedido momentos de crise de dimensão internacional global, no início dos anos oitenta, no início dos anos noventa, no início do novo milénio e, agora, na viragem da primeira década deste novo milénio (ver gráfico 1).

A semelhança que poderemos encontrar entre a crise económica atual e a crise dos anos setenta é o facto de também agora se evidenciarem sinais de que se está em presença de algo mais pro-

Parte II – Conferência "Portugal, Europa e a Crise Económica ..." | 85

fundo, que embora não deixando de constituir a expressão de uma dinâmica cíclica mais geral, parece configurar o esgotamento de uma época e do modelo económico que a caracterizou (Mendonça, 2008).

Gráfico 1: PIB real: taxas de crescimento anual

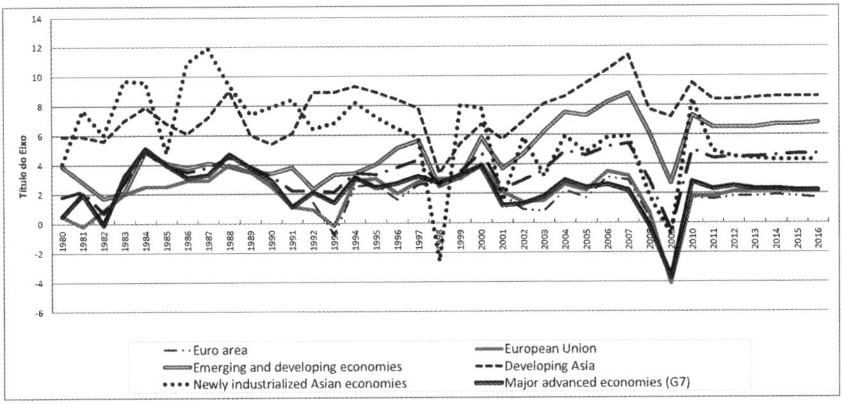

Fonte: FMI

2.2. A crise de um modelo de globalização

Pelo menos nas duas últimas décadas, o dinamismo da integração económica global, que permitiu a sustentação de taxas elevadas de crescimento da economia mundial associadas à emergência de economias como a China, Índia e outras, assentou na existência dos chamados défices gémeos americanos em articulação com o papel hegemónico do dólar, enquanto moeda internacional e de referência, particularmente na região asiática.

O défice externo americano alimentou uma procura mundial que sustentou a expansão das economias asiáticas que aceitaram em troca o dólar como meio de pagamento. As reservas em dólares assim geradas foram utilizadas em larga medida para a compra de títulos americanos, permitindo o financiamento em larga escala dos sucessivos défices públicos que alimentaram a procura interna que, por sua vez, alimentou a procura externa geradora de défice, fechando o ciclo (Fig. 1).

Figura 1

Sistema de Economia Global

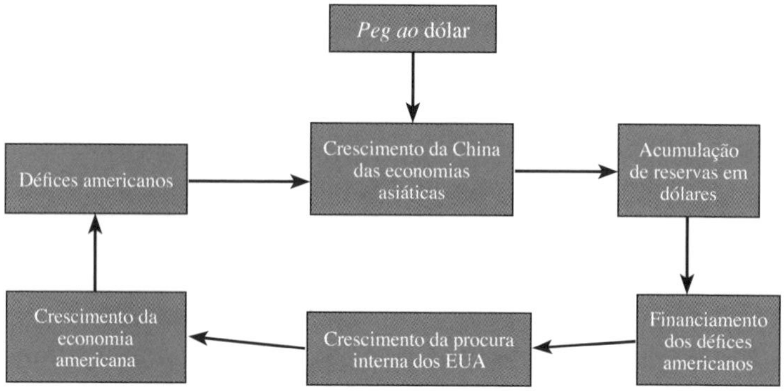

Ao mesmo tempo e como alavanca do funcionamento deste modelo, produziu-se a globalização do sistema financeiro internacional, integrando a economia mundial para lá de todos os limites compatíveis com as dimensões nacionais das politicas económicas, sobrepondo-se a estas nas definições estratégicas, institucionalizando e amplificando os comportamentos especulativos, libertando-se de qualquer controle ou supervisão das instituições internacionais, anulando a própria eficácia dos mecanismos de ajustamento internacional. O mais significativo é que este desenvolvimento do sistema financeiro encontrou uma justificação política e teórica no responsável do principal banco central nacional, Alan Greenspan do FED, ao longo dos quase 20 anos que durou o seu mandato e que se tornou, com esta atitude, o verdadeiro obreiro da alavancagem financeira internacional.

Olhando *a posteriori* não é difícil de compreender que a reprodução deste modelo acabaria por gerar uma acumulação de tensões que, para se manterem dentro de limites comportáveis para o funcionamento do sistema, exigiam a contínua reprodução das

suas próprias bases de alimentação até um limite que todos anteci-
pavam explosivo mas que julgavam poder adiar indefinidamente.

Tal como numa sala fechada em que se acumula gás, basta
acender uma lâmpada para provocar a explosão, assim se passou
com a economia mundial, com a crise do *subprime* do mercado
hipotecário americano a servir de detonador.

2.3. A dimensão financeira da crise

Retomando o tema da globalização financeira, foi a injeção
contínua e maciça de dólares na circulação internacional que permitiu o funcionamento e fluidez do modelo de globalização assente
nos défices americanos constituindo, simultaneamente, a base e o
fator impulsionador da outra componente essencial da integração
e globalização económica internacional – a globalização financeira.
O setor financeiro internacional, ao expandir-se para além de todos
os limites controláveis, ganhou uma dinâmica própria, autonomi-
zando-se cada vez mais da base económica real e acabando por
constituir-se em sistema global específico, com uma lógica própria
e contínua de inovação de atividades e produtos que se autoali-
mentava através da chamada alavancagem, mas que acabou por
gerar uma enorme pirâmide financeira global invertida, extremamente vulnerável e pronta a ruir ao menor sinal de interrupção da
cadeia.

A inovação financeira acabou por se converter num eufemismo
para a perda efetiva da noção de risco, para a amplificação do *moral hasard*, para a subversão completa dos limites da transparência
e da legalidade, com a expansão dos *offshores*, para a construção de
uma ilusão de atividade económica que se propagou à própria economia real, estimulando artificialmente o crescimento de setores
económicos, como o caso da construção e imobiliário, ao mesmo
tempo que acelerava o desaparecimento de outros, menos capazes
de atrair recursos financeiros e mais sensíveis às regras da competitividade global.

A integração económica global atingiu a sua expressão para-
digmática a nível do setor financeiro criando, por essa via, simultaneamente, as condições para a amplificação espacial e temporal
do processo de acumulação de tensões inerente ao modelo de globalização e as vias para a transmissão dos efeitos da explosão, uma
vez esta desencadeada. Esta é a razão fundamental pela qual o setor financeiro esteve no epicentro da crise e, consequentemente, na
primeira linha das preocupações dos responsáveis económicos e
políticos. Não obstante as dimensões extremas e, por vezes, pouco
transparente de que se revestiu em diversas situações, é inteiramente justificada a intervenção dos diferentes governos para evitar
a falência dos bancos e das instituições financeiras nos seus países.
A derrocada do setor financeiro, quer no contexto da eclosão da
crise, em 2008, quer, ainda, no contexto atual, significaria a transformação da crise económica e financeira numa catástrofe económica global. Isto é verdade, para todas as dimensões espaciais da
crise: global, regional ou nacional.

2.4. A crise do sistema de referências ideológicas e politicas

A profundidade da crise económica atual manifestou-se, de
forma particular, pela crise do sistema de referências ideológicas e
políticas que nortearam e a intervenção dos principais responsáveis
económicos, quer no plano nacional quer no plano internacional
e que deram suporte à absolutização do modelo de mercado livre
enquanto produtor de eficiência económica e do bem-estar social.

Este sistema de referências encontrou uma expressão canónica
no chamado "consenso de Washington", construído a partir do
trabalho do economista americano John Williamson (1989), dando
origem um verdadeiro programa de intervenção económica global,
orientado para a redução da intervenção do Estado, para a priva-
tização dos setores e empresas públicas, incluindo os setores tra-
dicionalmente considerados da esfera pública, e para a desregulamentação e desregulação económicas e a liberalização.

Este programa tornou-se hegemónico, sendo adotado de forma generalizada, independentemente da dimensão económica dos países, do seu estado de desenvolvimento, das características e diversidade das suas estruturas produtivas, da sua localização geográfica e das suas formas de inserção internacional e até do seu regime político. Funcionou como o grande impulsionador da arquitetura económica e financeira que deu substância ao modelo de globalização atual e o erigiu em fim da História.

A violência da explosão da crise económica e financeira, ao exigir dos governos e demais responsáveis económicos internacionais uma atuação em moldes contraditórios com o sistema de referências e valores que os guiaram nas duas ou três últimas décadas, fez emergir uma segunda dimensão de crise que se manifestou, em primeiro lugar, na aceitação tardia da própria evidência da crise. Com efeito, o reconhecimento de que não se estava, simplesmente, a viver uma crise passageira – e limitada a um segmento particular do setor financeiro americano –, mas em presença de uma crise económica grave, de características globais e de dimensão e duração dificilmente controláveis, só ocorreu quando a ameaça de falência em cascata de instituições financeiras de referência, colocou a economia mundial à beira de uma catástrofe sem precedentes, obrigando a nacionalizações várias e a intervenções estatais de emergência generalizadas.

Esta segunda dimensão da crise teve uma evolução contraditória com a ligeira recuperação da economia mundial ao longo de 2010 e 2011, verificando-se mesmo uma recuperação das posturas mais ortodoxas em relação à crise, particularmente na Europa onde, através da pressão do governo alemão, se regressou rapidamente às políticas mais restritivas na sequência da emergência da crise das dívidas soberanas. Todavia, a recuperação destas políticas não se tem revelado eficaz na resolução dos problemas, contribuindo mesmo para a recaída a que se assistiu no final de 2011 e que ameaça aprofundar-se em 2012, particularmente na zona euro.

Continua, deste modo, a manifestar-se um intenso debate entre economistas e entre responsáveis políticos sobre quais as melhores medidas a adotar no atual contexto, debate este que atravessa as próprias instituições internacionais, incluindo o próprio FMI. As divergências existentes, têm-se manifestado em todo o tipo de hesitações, particularmente visíveis a nível da zona euro, onde as decisões se arrastam e, não raro, se contradizem. Nos últimos tempos aprofundaram-se mesmo as divisões dentro da Europa, entre a Europa e os EUA, entre estes e as economias emergentes, o que tem dificultado, até ao momento, a adoção de uma estratégia concertada à escala internacional de combate à crise e de reforço dos mecanismos de prevenção para fazer face a crises futuras, ao mesmo tempo que tem impedido a eficácia das respostas particulares.

2.5. A crise da teoria económica

Finalmente, uma terceira dimensão da crise económica e financeira remete para a crise do sistema de referências teóricas que elevou à categoria de axiomas inquestionáveis, as hipóteses de eficiência autorreguladora dos mercados e de racionalidade dos agentes que alimentaram e legitimaram a implantação do modelo económico atual e a intervenção dos responsáveis políticos.

Estas hipóteses serviram de fundamento ao desmantelamento progressivo dos mecanismos de intervenção e regulação estatal de base nacional, ao mesmo tempo que permitiram o desenvolvimento do processo de integração financeira internacional, sem contraponto em qualquer equivalente de intervenção ou regulação supranacional. A sobrevalorização do papel do mercado relativamente à intervenção reguladora do Estado, levou à secundarização da análise macroeconómica face à análise microeconómica e à diluição da ciência económica, em geral, numa ciência do comportamento. A política económica, por seu turno, acabou por perder progressivamente a sua importância tradicional, reduzindo-se praticamente à política monetária e transformando-se, acima de tudo, numa política de gestão das expectativas dos agentes.

A subvalorização do papel da macroeconomia e da política económica estendeu-se aos meios académicos, tendo sucessivas gerações de economistas e gestores sido formadas no espírito da superioridade absoluta do mercado face a qualquer forma de intervenção do Estado. Isto refletiu-se, em particular, na diminuição do interesse pelas formações de âmbito macroeconómico tradicional e numa procura acrescida das áreas da gestão empresarial, ao mesmo tempo que as questões financeiras ganhavam a primazia das atenções em detrimento dos problemas da chamada economia real, quase sempre reduzidos a défices de competitividade.

Como é evidente, a teoria económica dominante não foi capaz de explicar as razões porque os mercados falharam na sua função, nem porque a dinâmica das expectativas racionais dos agentes não gerou as forças de equilíbrio geral que impediriam a eclosão de um fenómeno com as características da crise económica e financeira atual. É evidente que sobra a hipótese dos erros dos agentes, particularmente daqueles que tiveram a responsabilidade da condução da política económica e da gestão das expectativas. Mas é difícil de compreender como as duas hipóteses fundamentais do funcionamento do sistema económico se combinam com a possibilidade de se produzir uma acumulação de erros, capaz de gerar uma crise com a dimensão da atual, sem pôr em causa a própria teoria no seu conjunto.

2.6. A caminho de um novo paradigma económico?

Não obstante as considerações anteriores, ainda é cedo para se poder afirmar com segurança qual será o grau de extensão dos efeitos da crise económica e financeira sobre a organização sistémica da economia mundial e sobre as conceções e os paradigmas económicos dominantes até agora. Tudo dependerá da evolução objetiva do processo de crise, do sucesso ou insucesso das medidas em curso ou que vierem ainda a ser adotadas, da evolução da discussão teórica, da evolução da própria relação de forças, no plano económico e político, a nível internacional, entre regiões económicas, entre economias emergentes e economias desenvolvidas tradicionais, do próprio desenvolvimento das instituições internacionais.

Em qualquer caso, apesar da gravidade da situação atual, não parecem estar em causa os fundamentos gerais do sistema económico, designadamente aqueles que assentam na economia de mercado e na liberdade de iniciativa económica dos agentes individuais. O que parece estar em causa sim é a continuação, como até aqui, de um processo de globalização assente em fundamentos frágeis, desregulado e desarticulado com as dinâmicas das economias nacionais e dos próprios espaços regionais de integração económica.

Com as naturais reservas que a complexidade da situação exige, e não obstante todas as hesitações e contradições a que se assiste, a crise económica atual parece ter aberto um processo de reconfiguração do modelo de organização e de regulação económica internacional que aponta para um maior controlo das dinâmicas de internacionalização das economias e da globalização, particularmente na esfera financeira, para uma recuperação dos instrumentos e do papel da política económica, incluindo a nível nacional, e para uma reestruturação e reforço do papel das instituições económicas internacionais. Neste último caso, não deixa de ser significativo o papel que é atribuído ao FMI no quadro da assistência financeira prevista no recém criado Mecanismo Europeu de Estabilidade, uma instituição que, como se sabe, é interna à zona euro.

Em síntese, e procurando responder à questão colocada, não é de excluir que a crise económica e financeira global, detonada pela crise do *subprime* americana, seja o principio da reconfiguração do modelo e do paradigma económico que a crise dos anos setenta do século passado fez emergir, que a crise, posterior, dos anos oitenta consagrou em termos de paradigma e que a expansão dos anos noventa fez consolidar como modelo global. De imediato é de salientar o novo papel desempenhado pelas chamadas economias emergentes, com destaque para a China que se está a afirmar como um novo *player* internacional.

3. A crise europeia

Seguindo então a ordem inversa do tema de reflexão iremos agora abordar as manifestações da crise internacional no espaço europeu, sem que isso signifique que não haja do lado de cá do Atlântico responsabilidades próprias em todo o processo de acumulação de tensões que conduziu à explosão de finais de 2008. Contudo, pode dizer-se que a Europa pecou mais por omissão do que por ação, na medida em que, como tivemos oportunidade de discutir no ponto anterior, a crise económica e financeira internacional é, sobretudo, a crise de um modelo de globalização económica suportado na hegemonia americana e no papel do dólar enquanto moeda global. Mas não é de excluir que, ao deixar aprofundar a crise no seu próprio espaço económico, tal como os últimos dados parecem indiciar, a Europa não venha a gerar um efeito de "feedback", comprometendo a frágil recuperação da economia internacional

A crise na Europa, para além de ser uma expressão local da crise internacional mais geral, também apresenta uma dimensão estrutural própria que se evidenciou, sobretudo, na incapacidade de dar resposta atempada ao agravamento das dificuldades que conduziram à chamada crise das dívidas soberanas. Em particular, a ineficácia demonstrada pela Europa em lidar com o verdadeiro choque assimétrico que representou a crise das dívidas soberanas, revelou o aprofundamento de um processo de crise mais vasto do próprio processo de integração europeia, que se desenvolveu através de duas componentes fundamentais. Uma, ligada ao processo de integração no seu conjunto, e que se manifestou numa crise de identidade do próprio projeto de integração europeia. Outra, mais específica, ligada ao funcionamento do euro e que se manifestou na ineficácia do processo de ajustamento interno da zona monetária.

3.1. A crise de identidade do projeto de integração europeia

A primeira componente desta crise estrutural europeia está ligada ao esgotamento das dinâmicas originais do processo de integração e manifesta-se naquilo que podemos designar por *crise de identidade* do projeto de integração (Mendonça, 2006).

Com efeito, desde o seu inicio até aos nossos dias, o processo de integração europeia desenvolveu-se em resultado da conjugação de duas dinâmicas particulares.

Em primeiro lugar, afirmou-se uma dinâmica de aprofundamento dos níveis de integração que levou o conjunto dos países participantes no processo a evoluir de uma simples forma de integração sectorial, visando a gestão conjunta e integrada da produção e comércio das indústrias do carvão e do aço – as duas indústrias estratégicas da altura –, até à União Económica e Monetária dos nossos dias, na perspetiva, ainda, do prosseguimento em direção à União Política.

Por outro lado, afirmou-se uma dinâmica de alargamento territorial com a junção de novas levas de países europeus ao núcleo fundador de seis países (França, Alemanha, Itália, Bélgica, Holanda e Luxemburgo), até aos vinte e sete Estados-membros atuais, com a perspetiva de inclusão, a mais ou menos curto prazo, de novos países. É um processo que tem decorrido, até agora, numa base de extensão geográfica, nos limites do continente europeu, embora não esteja excluída, a perspetiva de ultrapassar estes limites, com a entrada da Turquia, ou com as intenções manifestadas, nesse sentido, por parte de outros países, quer no continente asiático (como Israel) quer, também, no continente africano (países do Magrebe, Cabo Verde, etc.).

Até um certo momento, a interação entre estas duas dinâmicas teve como resultante fundamental, progressos paralelos do alargamento e do aprofundamento dos níveis de integração. Ou seja, todos os países, independentemente da data de entrada na União ou dos níveis de desenvolvimento económico relativo, avançaram em conjunto para patamares superiores de integração, não se tendo

Parte II – Conferência "Portugal, Europa e a Crise Económica ..." | 95

afirmado tendências centrífugas, de forma a fazer emergir, com força significativa, projetos de "Europa a várias velocidades". A força dominante foi a da *integração inclusiva ou uniforme* – todos nas mesmas condições – por oposição a uma perspetiva contrária de *integração exclusiva ou multiforme* – alguns em condições diferentes.

É interessante, ainda, referir, como expressão da interação positiva entre aprofundamento e alargamento, que dois dos mais importantes marcos de evolução do processo de integração europeia conjugaram, precisamente, entradas de novos países com saltos qualitativos no estádio de integração – é o caso do Ato Único Europeu (entrada em vigor em 1987) com a adesão de Portugal e Espanha, e o do Tratado da União Europeia, ou Tratado de Maastricht (entrada em vigor em 1993), como é mais conhecido, que abriu o caminho para a União Económica e Monetária em três etapas e que precedeu a adesão da Áustria, Suécia e Finlândia.

Esta realidade alterou-se, no entanto, com o processo específico que levou à criação da moeda única. Como é sabido, o Reino Unido, a Dinamarca e a Suécia, embora por razões diferentes, auto--excluiram-se da zona euro e, a partir daí institucionalizou-se, de facto, a Europa a múltiplas velocidades, ainda que na perspetiva de recuperação e convergência numa fase posterior, por parte dos retardados. Em todo o caso, o avanço para a moeda única nestas condições, não deixou de prenunciar a chegada do processo de integração Europeia a uma fase crítica, de esgotamento do modelo original de evolução, consagrado no Tratado de Roma e que tinha servido de referência até então. Visto *a posteriori*, não é de excluir a hipótese de que tenha sido, precisamente, a decisão de avançar para o euro sem estarem reunidas todas as condições de otimidade da zona monetária, designadamente no que respeita aos níveis de desenvolvimento da integração fiscal, a estar na origem do aprofundamento das assimetrias que conduziram às dificuldades atuais, como discutiremos mais à frente.

Nas revisões posteriores do Tratado de Roma, designadamente as que se traduziram nos Tratados de Amesterdão (entrada em vigor em1999) e de Nice (entrada em vigor em 2003), as mudanças qualitativas no estádio de integração são menos evidentes. Trata-se, fundamentalmente de arranjos institucionais – um certo arrumar da casa – para acomodar os problemas resultantes do grande alargamento a leste. Em todo caso são reforçados os mecanismos de abertura para a Europa a múltiplas velocidades. O Tratado de Amsterdão confirma o Pacto de Estabilidade e Crescimento (PEC) e adota o princípio da flexibilidade ou "cooperação reforçada", segundo o qual os Estados-membros mais reticentes não podem impedir os restantes de avançar em determinadas matérias, ou seja, a integração multiforme. O Tratado de Nice desenvolve, ainda mais, esta possibilidade.

No seu conjunto, estas revisões representam menos um "salto em frente" e mais uma defesa de posições dos países dominantes face às incertezas associadas ao aumento das assimetrias económicas e às mudanças na correlação de forças no seio da União. Esta "estagnação" no plano do aprofundamento dos níveis de integração constituiu uma expressão evidente do esgotamento do modelo de integração europeia, tal como se vinha a desenvolver até então e, a entrada numa nova fase que designamos de *crise de identidade do projeto de integração europeia*, crise esta que vem a ser confirmada e reforçada com a não ratificação do Tratado da Constituição Europeia em 2007 e a sua substituição pelo Tratado de Lisboa, entretanto já revisto pelo Tratado sobre a Estabilidade, a Cooperação e a Governação na União Económica e Monetária, que deverá entrar em vigor, o mais tardar, em 1 de janeiro de 2013.

A interação entre as dinâmicas de aprofundamento e alargamento que configurou a evolução do processo de integração na Europa pode ser melhor apreendida recorrendo ao diagrama abaixo apresentado.

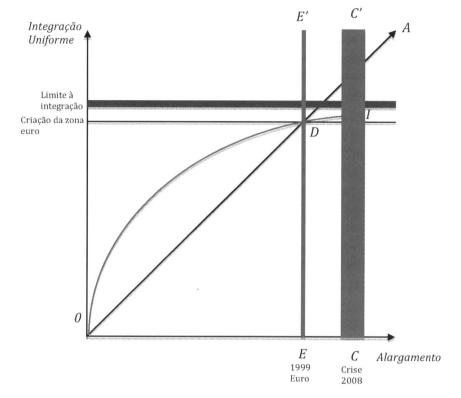

Figura 1: Evolução do processo de integração europeia

Em abcissa representa-se o tempo histórico da integração europeia, com os sucessivos alargamentos. Em ordenada representa-se o processo uniforme ou inclusivo de aprofundamento da integração – isto é, o processo em que os sucessivos níveis de desenvolvimento do processo de integração são partilhados por todos os Estados-membros. A origem dos eixos pode ser considerada como o início do processo de integração europeia, com a criação da CECA em 1952.

A linha OA, por sua vez constitui a bissetriz do quadrante e representa o equilíbrio entre as dinâmicas de aprofundamento e de alargamento do processo de integração europeia. Acima da bissetriz a prioridade é dada ao aprofundamento da integração: as dinâmicas de aprofundamento sobrepõem-se às dinâmicas de alargamento, afirmando-se a tendência para uma integração uniforme ou inclusiva. Abaixo da bissetriz passa-se o inverso: as dinâmicas de alargamento sobrepõem-se às dinâmicas de aprofundamento, reforçando assimetrias e criando obstáculos à passagem a novos patamares de integração.

A curva *OI* representa a trajetória do processo de integração. A forma côncava que reveste prende-se com a interação entre as dinâmicas de aprofundamento e alargamento e com a afirmação progressiva de um "trade-off" entre elas. À medida que o alargamento evolui verificam-se dificuldades crescentes em avançar para patamares superiores de integração ou, simplesmente, para manter os níveis já atingidos, não sendo de excluir, inclusive, a hipótese de regressão nos níveis de integração, caso em que a inclinação da curva *OI* passaria a negativa.

Entre a criação da CECA e a introdução do euro as dinâmicas de aprofundamento da integração sobrepuseram-se, de forma clara, às dinâmicas de alargamento. A preocupação central dos responsáveis pela condução do processo consistiu na criação de condições para que patamares mais desenvolvidos de integração pudessem ser alcançados e com a participação de todos os Estados-membros. Este processo está representado na secção da curva *I, OD*, acima da bissetriz *OA*.

A partir da introdução da moeda única (representada no gráfico pela linha *EE'*), as dinâmicas de aprofundamento perdem força. Os novos níveis de integração deixam de ser partilhados por todos (o Reino Unido, a Suécia, a Dinamarca e a Grécia, se bem que por razões diversas, ficam de fora). Em contrapartida, acelera-se a dinâmica de alargamento, com a entrada de mais 12 países, do centro e leste da Europa e as ilhas mediterrânicas Chipre e Malta, elevando, para 27, o número de estados-membros da UE. A heterogeneidade dos níveis de desenvolvimento destes novos países, uns em relação aos outros e de todos em relação aos antigos, acentua as dificuldades em partilhar os níveis mais avançados de integração, com a moeda única à cabeça. O vetor monetário fica de fora, embora a adesão à moeda única deva ser feita em tempo oportuno tendo em conta o fim da cláusula de "opting out". Em qualquer caso, institui-se, na prática, a Europa a duas velocidades: uma mais restrita – a da moeda única, ou zona euro; outra mais alargada – a União Europeia, propriamente dita. Esta nova realidade está representada na passagem da curva *I* para baixo da bissetriz e na sua reduzida inclinação, traduzindo a ideia de um estado próximo da estagnação em matéria de aprofundamento da integração uniforme, seja em resultado dos novos alargamentos realizados seja em resultado dos que se perspetivam.

A introdução da moeda única representa o ponto crítico de viragem. Representa a passagem a um patamar elevado de integração económica, em que se verifica a transferência da soberania monetária para uma instituição supranacional comunitária e a consequente perda da autonomia nacional da política monetária mas, simultaneamente, a manutenção da política orçamental no âmbito da gestão nacional, se bem que fortemente restringida pelas condições do Pacto de Estabilidade e Crescimento.

Todavia, estas restrições não são verdadeiras restrições por duas ordens de razões fundamentais. Em primeiro lugar, porque não repousam numa base homogénea de condições fiscais. Apesar da unificação monetária, continua a verificar-se uma disparidade de situações fiscais que funcionam como instrumentos de concorrência económica entre países da mesma zona monetária, o que não deixa de ser um contra senso. Em segundo lugar, porque não emanam de uma situação de simetria entre as condições económicas dos diferentes países sendo, por isso, extremamente vulneráveis a todas as perturbações do ciclo económico, particularmente as de maior dimensão, como aquela que resulta da crise económica e financeira atual. Estes dois tipos de disparidades são geradoras de ineficiências económicas na medida em que dificultam a integração das politicas monetária e orçamental numa zona monetária unificada, podendo mesmo dar origem a disrupções como a que se verificou com a crise das dívidas soberanas.

A política orçamental surge, no contexto da discussão das zonas monetárias ótimas, como um instrumento fundamental de resposta a choques assimétricos na ausência de uma suficiente flexibilidade de preços e salários ou de mobilidade de fatores. Tendo em conta as limitações impostas à política monetária no financiamento dos défices públicos, a política orçamental torna-se um instrumento extremamente sensível e simultaneamente vulnerável, tendo em conta a rigidez que existe na estrutura dos orçamentos públicos e as pressões acrescidas nas situações de recessão económica. A política orçamental, que nasce como uma preocupação essencialmente anticíclica, transforma-se, no contexto da união monetária, num instrumento pró-cíclico, com tudo o que isso implica em situações de recessão profunda como é a situação atual.

A recusa do papel anticíclico da politica orçamental, assumida na primeira linha pela Alemanha nas discussões sobre a resposta à crise das dívidas soberanas, repousa na ideia dos chamados problemas de agência. Os argumentos utilizados contra este tipo de financiamento da economia, por parte de uma autoridade central, são, fundamentalmente, três (Bordo, 2004 e 2011):

i) Os devedores nacionais têm incentivos para não pagar aos credores se antecipam *bails-outs*;

ii) Os devedores têm incentivos para não revelarem a verdadeira dimensão dos seus problemas aos credores, resultando em seleção adversa;

iii) Os bancos e o sistema financeiro têm tendência em abusar da confiança que lhes é dada pelo facto de serem agentes do funcionamento do sistema de crédito, emprestando aos Estados sem capacidade de crédito na expectativa de *bails-outs*.

Nesta perspetiva, a existência de soberania orçamental num contexto de união monetária produz, necessariamente, problemas do tipo "free-riding". A política orçamental é conduzida de acordo com os interesses nacionais e o resultado é pior do que seria se houvesse uma gestão conjunta. É esta constatação que está na origem da generalidade dos processos de centralização das politicas orçamentais que se seguiu à crise dos anos 30, nos países com características de federações, como no caso dos EUA. Mas nestes casos desenvolveram-se fórmulas de articulação e de disciplina nas relações entre os subespaços regionais e o espaço central através do estabelecimento de cláusulas de orçamentos equilibrados e de limites ao endividamento e de não "bail-outs".

Importa ter presente, no entanto, que não obstante todas as preocupações enunciadas, estas cláusulas nem sempre se revelam credíveis e não resistem a situações de maior aperto, mesmo nos países mais ortodoxos nesta matéria como é o caso da Alemanha, onde o excesso de endividamento dos Länds esteve na origem das dificuldades em cumprir o PEC em 2002.

A integração fiscal é um processo que evolui de acordo com as circunstâncias e está associada a processos de unificação política. Na Europa não existe unificação política, nem se perspetiva a um prazo razoável para influenciar a atual situação económica. Daí as dificuldades em avançar no domínio de uma maior integração fiscal, seja pela via do reforço do orçamento comunitário seja pela via da harmonização de regras. Não existe um "espírito federal" na Europa embora ele possa ser criado pela necessidade de dar resposta à crise, o que, todavia, não parece ser o caso na atual situação da zona euro.

Seja qual for o resultado das discussões em curso, parece ter-se chegado a uma situação limite em que se torna necessário tomar uma decisão relativamente à continuidade do processo de integração na Europa. E duas hipótese fundamentais parecem desenhar-se:

- ou se aceita o quadro atual de países com as suas idiossincrasias e dificuldades próprias e se ajustam as condições de integração a essa realidade;
- ou se mantêm as exigências atuais de integração e, então, ter-se-á de aceitar a redução do espaço geográfico da sua aplicação.

Em qualquer das hipóteses existe um leque de possibilidades que terá tendência a fechar-se à medida que se arrasta a indecisão. Na primeira hipótese, agravar-se-ão os custos da solução que vier a ser encontrada e que passará, necessariamente, pelo aprofunda-

102 | Portugal, a Europa e a Crise Económica e Financeira Internacional

mento da integração, no plano monetário, fiscal, orçamental e, naturalmente, político, com transferência acrescida de soberania – o que não deixará de ser considerado como um custo. Na segunda hipotese, os riscos de dissolução desordenada e mesmo de implosão da zona euro aumentam de forma exponencial.

A chegada da União Europeia a este ponto critico está representada na figura através da barreira CC'. O que vier a ser decidido determinará a forma posterior da curva que representa o processo de integração OI.

3.2. O problema do ajustamento no contexto do euro

A segunda componente da crise estrutural europeia tem a ver com o funcionamento do sistema euro enquanto mecanismo de ajustamento dos desequilíbrios macroeconómicos fundamentais, quer no plano interno dos países quer no plano das suas articulações internacionais.

Olhando retrospetivamente, verifica-se que este mecanismo, não só foi inoperante ao longo de todo o período de vigência do euro, como, ao relaxar a restrição da balança corrente, incentivou para além de todos os limites, a acumulação temporal dos desequilíbrios conjunturais produzidos, criando situações cada vez potencialmente mais explosivas.

A não correção atempada destes desequilíbrios macroeconómicos gerou, por sua vez, a produção de um outro tipo de desequilíbrio, este de natureza estrutural, que consistiu no aumento das assimetrias entre os países da área do euro. Longe de se ter verificado a produção de endogeneidade na zona monetária, conforme pressuposto na teoria, o que se verificou, efetivamente, foi a acentuação de idiossincrasias, que ampliaram as condições para a produção de choques assimétricos, de que a chamada crise das dívidas soberanas acabou por constituir a expressão maior.

Para compreendermos melhor a dimensão do problema do ajustamento socorrer-nos-emos do chamado diagrama de Swan (1963), (Ver, também, De Grauwe, 1989), representado na figura abaixo.

Figura 2: O processo de ajustamento no euro

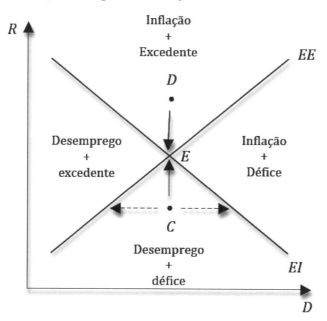

No eixo vertical, representa-se a taxa de câmbio real ($R=SP^*/P$, com S a representar a taxa de câmbio nominal, P^* o nível de preços externos e P o nível de preços internos). Neste contexto, R pode ser entendida como uma medida da competitividade externa. Quando R aumenta, seja em resultado de uma desvalorização/depreciação (aumento de S), seja em resultado de uma diminuição relativa dos preços internos (diminuição de P, ou aumento de P^*) a economia torna-se mais competitiva. Em resultado, estimular-se-á as exportações (que ficarão mais baratas) e desestimular-se-á as importações (que ficarão mais caras).

No eixo horizontal, representa-se o nível de despesa total da economia $D = C + I + G$, de acordo com a identidade macroeconómica fundamental $Y = C + I + G + X - M$. Esta identidade pode ser reescrita como $Y - D = X - M$. Nesta forma torna-se claro que, quando a despesa excede o produto, as importações excedem as exportações e a economia confronta-se com uma situação de défice externo. Por sua vez, se a despesa é inferior ao produto, as exportações superam as importações verificando-se uma situação de excedente.

No diagrama estão representadas duas condições de equilíbrio. Uma, por intermédio da reta *EE* (equilíbrio externo), traduzindo as combinações de taxa de câmbio real e de níveis de despesa que garantem o equilíbrio da balança comercial. A inclinação desta reta é positiva refletindo a ideia simples de que um aumento de competitividade (aumento de *R*), leva a um excedente da balança comercial sendo necessário um aumento da despesa interna para manter o equilíbrio. Assim, os pontos abaixo da reta EE correspondem a situações de défice externo e os pontos acima correspondem a situações de excedente.

A outra condição de equilíbrio está traduzida na reta *EI* (equilíbrio interno). Representa-se as combinações de taxa de câmbio real e de despesa que garantem um nível de emprego correspondente à chamada *taxa natural de desemprego*. Este conceito foi introduzido por Milton Friedman no final dos anos 60 (Friedman, 1968) e é usualmente interpretado como o nível de desemprego que garante a estabilidade dos preços. Com efeito, é suposto que um nível de desemprego inferior à taxa natural produz inflação e que um nível superior produza deflação. A inclinação da reta é negativa refletindo a ideia de que o aumento de competitividade leva ao aumento das exportações que, por sua vez, levam ao aumento do produto interno, reduzindo o desemprego para um nível inferior à taxa natural, pressionando os salários e gerando pressões inflacionistas. Para manter o equilíbrio torna-se, pois, necessário reduzir a despesa. Deste modo, os pontos abaixo da reta *EI* representam situações de desemprego e os pontos acima da reta representam situações de inflação.

Conjugando os desequilíbrios, podemos caracterizar quatro situações padrão: desemprego com défice externo; desemprego com excedente; inflação com excedente; e inflação com défice. O ponto *E*, de interseção das retas, representa a conjugação de equilíbrio interno e externo.

Considerem-se agora duas situações típicas de desequilíbrios que caracterizaram o funcionamento das economias ao longo dos últimos anos: uma perda de competitividade, em resultado do aumento relativo dos preços internos (choque interno); e um aumento de competitividade, resultante do aumento relativo dos preços externos (choque externo).

a) Choque interno: perda de competitividade

No diagrama, esta situação representa-se com uma deslocação do ponto de equilíbrio E para o ponto C. A perda de competitividade gera uma diminuição das exportações e uma quebra do produto com consequências negativas em termos de emprego. Produz-se uma situação em que um défice externo se associa a um desemprego superior à taxa natural.

Na ausência da possibilidade do recurso ao mecanismo da taxa de câmbio (S fixa), o reequilíbrio só poderá ser assegurado por uma redução dos preços internos (P). Esta descida pressupõe, no entanto, a flexibilidade de preços e salários.

Nesta hipótese, na discussão original, era suposto atuarem dois mecanismos.

Primeiro: o aumento do desemprego reduziria o nível de salários e esta redução, por sua vez, provocaria a descida do preço do produto interno.

Segundo: o défice externo forçaria as autoridades monetárias a intervir no mercado de câmbios, vendendo moeda estrangeira contra moeda nacional. Em resultado, produzir-se uma contração da oferta monetária interna, com subida das taxas de juro, reduzindo-se a despesa interna e caindo, por esta via, o nível de preços. Obviamente, que este mecanismo para ser eficaz pressuporia que as autoridades deixassem funcionar "as regras do jogo", ou seja, que o défice externo se repercutisse efetivamente no mercado monetário.

106 | Portugal, a Europa e a Crise Económica e Financeira Internacional

O efeito conjugado destes dois mecanismos levaria a economia de volta ao ponto E: aumentaria a competitividade, o desemprego reduzir-se-ía, o défice seria eliminado. O modo como tudo isto se passaria, dependia, contudo de vários fatores e, muito em especial, da velocidade do ajustamento dos preços e salários. Os caminhos poderiam ser vários para a restauração do equilíbrio.

Mas, agora, suponhamos que os preços e salários não são flexíveis, como exige a hipótese de ajustamento. Como é que a economia se comporta?

É evidente que o mecanismo de ajustamento perde eficácia e caímos na linha tracejada da figura. Se as autoridades dão prioridade ao desemprego, aumentando a despesa, a economia desloca-se para direita, ao longo da linha, aumentando o défice externo. Se as autoridades dão prioridade à redução do défice externo, cortando na despesa, a economia desloca-se para a esquerda, aumentando o desemprego. As autoridades caiem no chamado dilema de Meade (1951): se reduzem o défice externo, aumentam o desemprego; se reduzem o desemprego, aumentam o défice externo.

Chega-se, assim, à conclusão inevitável sobre a essência do problema do ajustamento num quadro de rigidez de preços e salários. Seja qual for a opção das autoridades (redução do desemprego ou redução do défice externo), o recurso à desvalorização cambial torna-se uma necessidade e acaba, inelutavelmente, por se impor. Se a opção é pela redução do desemprego, a acumulação de défices externos torna-se insustentável pela simples razão de que o esgotamento das reservas cambiais atua como limite a essa política. Do mesmo modo, a opção pela redução do défice externo depara-se com os limites sociais e políticos da deflação interna acabando as autoridades por optar pelo "mal menor" da desvalorização. Ainda nas duas situações, a especulação cambial, ao antecipar a decisão das autoridades, acaba por força-la com a sua própria atuação no mercado de câmbios, vendendo a moeda nacional na expectativa de a comprar posteriormente a um preço menor, contribuindo, deste modo, para acelerar o esgotamento das reservas.

Em síntese, o instrumento cambial é uma alternativa à rigidez de preços e salários que caracteriza a generalidade das economias desenvolvidas, em particular, no quadro da zona euro. É óbvio que se está a raciocinar no quadro de hipóteses extremas e que na realidade podem existir diversas variantes no que toca à rigidez de preços e de salários. Mas a essência do problema não se altera.

Ora, como é suposto funcionarem as coisas na ausência do mecanismo da taxa de câmbio, como é o caso da zona euro?

A resposta remete-nos para um outro tipo de problema que tem a ver com a verificação de condições de ótimidade da zona monetária. De acordo com a teoria das zonas monetárias ótimas, é necessário que se verifique uma, pelo menos, de três condições para que se possa prescindir da utilização do instrumento cambial no processo de ajustamento: flexibilidade de preços e salários, transferências financeiras para os países/regiões afetadas por choques assimétricos, mobilidade de fatores, em especial do fator trabalho, entre países/regiões.

Mas, considere-se uma situação particular, de relaxamento da restrição balança de pagamentos através do recurso ao financiamento externo.

Na situação descrita pelo ponto C, a economia poderia ultrapassar o problema da perda de competitividade e continuar a ignorar a pressão do défice externo através do recurso ao financiamento externo. O financiamento externo funcionaria como um substituto das reservas cambiais permitindo o adiamento do ajustamento para lá de qualquer limite.

Ou seja, o desaparecimento da restrição da balança de pagamentos, ou da restrição cambial, considerado um dos benefícios da participação da moeda única, acabou por funcionar de uma forma perversa, atuando como um fator de acumulação de desequilíbrios para além do que seria possível num contexto de existência de uma moeda nacional. Numa situação de efetiva integração económica e monetária, com integração fiscal e efetiva solidariedade política, o problema seria considerado como um problema interno à zona monetária e, como tal, atacado. Num contexto, de integração monetária incompleta – como é o caso da zona euro – de aprofundamento de assimetrias, em resultado dos sucessivos alargamentos e de enfraquecimento, ou mesmo perda, de denominador comum político, em resultado da afirmação de hegemonias particulares, o desaparecimento da restrição da balança de pagamentos que, numa situação teórica, seria um fator de favorecimento de convergência estrutural e de aprofundamento de integração, acabou por funcionar como um fator de ampliação de assimetrias, transformando uma crise do sistema euro no seu conjunto, num choque assimétrico de dívidas soberanas.

Mas este é apenas um lado do problema. Importa considerar o outro lado, o do ganho de competitividade.

b) Choque externo: ganho de competitividade

No diagrama, esta situação está representada pela deslocação da economia do ponto de equilíbrio E para o ponto D. O ganho de competitividade, em resultado do aumento relativo dos preços externos, produz um excedente da balança comercial e um desemprego inferior à taxa natural.

Numa situação convencional, os mesmos dois canais permitem conduzir a economia de volta ao ponto de equilíbrio.

Primeiro: um desemprego inferior ao correspondente à taxa natural produz uma subida de salários e, por esta via, a um aumento dos preços internos.

Segundo: o excedente externo força as autoridades monetárias a comprar moeda estrangeira contra moeda nacional, aumentando o *stock* de moeda em circulação. Em resultado, a despesa aumenta contribuindo, também, para o aumento dos preços. Note-se que, também neste caso, se pressupõe que as autoridades monetárias seguem as "regras do jogo" não esterilizando os efeitos monetários do excedente externo.

O efeito conjugado destes dois mecanismos será o de levar a economia de volta ao ponto E. Verifica-se uma diminuição da competitividade da economia, com redução do emprego para níveis compatíveis com a taxa natural e com a eliminação do excedente.

Em comparação com a situação de perda de competitividade, verifica-se neste caso uma maior facilidade no funcionamento do mecanismo de ajustamento. A razão tem a ver com o facto de a flexibilidade de preços e salários ser maior à subida do que à descida. Em termos teóricos existe uma assimetria no funcionamento do mecanismo de ajustamento, consoante a economia se defronte com um problema de défice ou de excedente externo, sendo menos problemático lidar com a segunda situação. Mas na realidade tudo poderá ser muito diferente.

Na hipótese de existência de taxa de câmbio, as autoridades poderão prosseguir uma política de estabilidade dos preços, esterilizando os efeitos monetários do excedente externo, impedindo, assim, o segundo mecanismo de funcionar. Em relação ao primeiro mecanismo podem impedi-lo de funcionar, recorrendo à revalorização da taxa de câmbio (descida de S), levando a economia de volta ao ponto E, sem subida dos preços internos.

Mas como funcionam as coisas na ausência de moeda nacional e, portanto, na impossibilidade de utilizar o instrumento cambial com variável de ajustamento?

É óbvio que o desequilíbrio só poderá ser corrigido se houver um aumento da despesa interna conduzindo por esta via à subida dos preços internos e à perda de competitividade (descida de R). Mas também aqui coloca-se a questão da prioridade à estabilidade de preços. Se as autoridades são avessas à produção de inflação impedem o mecanismo de funcionar através de políticas restritivas, contribuindo para a manutenção do desequilíbrio. Poderão, inclusive, suportar uma redução do emprego para níveis mais compatíveis com a taxa natural, conduzindo a economia para uma situação próxima da representada pela reta EI do diagrama. Trata-se de uma situação em tudo mais cómoda do que a representada no caso da perda de competitividade.

Conjuguemos agora as duas situações no quadro do funcionamento de uma zona de moeda única. De um lado vemos acumularem-se, para lá de todos os limites, os desequilíbrios resultantes da perda de competitividade: desemprego e défice externo. Do outro, os desequilíbrios de sinal contrário: escassez de mão de obra e excedente externo. Não existindo instrumento cambial, não se verificando as condições de otimidade da zona monetária, e existindo resistência à perda de competitividade por parte da economia excedentária, a tendência será para o ajustamento ser feito pelo lado mais fraco, ou seja, através da contração de despesa na economia menos competitiva, reduzindo-se por esta via os preços internos e restaurando a competitividade (subida de R).

Isto é, em traços gerais, o que se está a passar com o ajustamento atual no espaço da zona euro, entre os países excedentários, com a Alemanha à cabeça, e os países deficitários e endividados, entre os quais Portugal. O ajustamento poderia ser feito pelo lado dos mais fortes, se estes aceitassem perder competitividade. Com estes não aceitam, o ajustamento tem de ser realizado pelos mais fracos, cabendo-lhes suportar unilateralmente as consequências das politicas restritivas.

Importa, no entanto, considerar outros aspetos no que respeita às consequências do ajustamento unilateral por parte dos países deficitários.

Como se viu antes, no contexto do chamado dilema de Meade, a opção pelo reequilíbrio externo produz o aumento do desemprego. Ora, o ajustamento pela via do corte de despesa implica verificar a hipótese de flexibilidade de preços e salários. O aumento do desemprego para níveis muito elevados cria as condições para uma redução de salários que deverá atuar, no quadro teórico de referência, como um fator de recuperação da competitividade pela via dos efeitos nos preços.

Todavia, a realidade é mais complexa do que o mecanismo aqui descrito. Em primeiro lugar, a repercussão da redução de salários na descida de preços não é linear e dependerá de muitos fatores ligados às características estruturais da economia deficitária. Por outro lado, em contexto de profunda recessão não é expectável que a redução de salários, só por si, funcione como um fator de aumento do emprego podendo, pelo contrário, funcionar como um fator adicional de aumento do desemprego pela via da redução do consumo. A este respeito queremos referir aqui o trabalho que realizamos sobre os efeitos da variação dos custos unitários de trabalho sobre o dinamismo económico em que concluímos, tendo como referência um painel de 32 países da OCDE e para o período 1993--2009, que os efeitos não são muito significativos e, para além disso, não são simétricos. Ou seja, a atividade económica traduzida, pelas exportações e pelo produto, parece reagir, pela negativa, a uma subida dos custos unitários do trabalho, mas a reação inversa não parece existir quando se está em presença de uma redução desses custos, refletindo uma cadeia de transmissão de efeitos mais complexa do que aquela que é considerada pela teoria (Mendonça e Passos, 2011).

Em resumo, o sistema euro revelou-se ao longo da sua existência profundamente ineficiente em matéria de ajustamento interno não se revelando um substituto inteiramente credível do instrumento cambial tradicional. Não só permitiu a acumulação de desequilíbrios, que se transformaram em assimetrias estruturais entre economias e países – e que se manifestaram em toda a sua dimensão na crise económica e financeira atual –, como se revelou incapaz de dar uma resposta eficaz ao desenvolvimento desta mesma crise no seu espaço próprio.

Aquilo que se esperaria, num contexto de crise, como o que se produziu, seria que a zona euro atuasse em conjunto e solidariamente, como uma zona monetária. O ajustamento deveria ser feito simetricamente e os mecanismos internos de uma zona de moeda única deveriam funcionar.

Ora, o que se verificou foi exatamente o contrário. A zona euro deixou que os países se expusessem, nas suas diferenças, acentuando as condições para que a crise internacional se transformasse num choque assimétrico no espaço do euro. Em vez de se produzir uma resposta conjunta, o que se verificou foi um abandono dos países à sua sorte, potenciando os movimentos especulativos e tornando ineficazes as ações individuais. Ao recusar-se a intervir como zona monetária, a zona euro não só potenciou todas os efeitos negativos da crise, como também distribui-os de forma assimétrica, fazendo recair os custos do ajustamento sobre as economias mais débeis. Ao fazê-lo, a zona euro colocou em questão a própria utilidade do euro, fazendo sobressair o lado dos custos relativamente aos benefícios de pertencer a uma zona de moeda única.

A crise das dívidas soberanas é apenas uma das dimensões em que este funcionamento da zona euro pela negativa se manifestou. Ao deixar expor os países como entidades autónomas, a zona euro negou-se a si própria, deixando desenvolver-se forças centrífugas que poderão pôr em causa a sua própria existência, pelo menos nos moldes em que ela foi concebida.

3.3. A resposta europeia à crise

Como tivemos ocasião de expor, a resposta à crise, por parte dos responsáveis europeus, ficou aquém daquilo que seria de esperar por parte de uma zona de moeda única, que deveria assumir os problemas como sendo do conjunto e não como manifestações de situações particulares. Esta debilidade da resposta europeia contribuiu, mesmo, para o agravamento das manifestações da crise no seu espaço económico.

No entanto, não obstante todas as hesitações, a zona euro foi forçada a confrontar-se com as suas debilidades estruturais e tomou algumas iniciativas que procuraram ir ao encontro de soluções para lidar com os problemas do ajustamento enunciados e, simultaneamente, prevenir a ocorrência de situações semelhantes no futuro. Independentemente dos resultados já obtidos, é um processo que se tem arrastado penosa e contraditoriamente, sendo uma vez mais determinado pelos interesses das economias dominantes, com a Alemanha à cabeça, mais do que pela necessidade de dar coerência global e capacidade de resposta ao sistema da moeda única.

Nesta procura de soluções para os problemas da zona monetária são de salientar três decisões fundamentais: a revisão do Tratado de Lisboa, com a assinatura no inicio de março deste ano do novo *Tratado sobre a Estabilidade, a Coordenação e a Governação da*

UEM, a criação do *Mecanismo Europeu de Estabilidade* e a abertura do BCE à utilização das chamadas *medidas não convencionais de política monetária*. Constituem um pacote de medidas cuja coerência global e potencial eficácia na prevenção e resposta para os desequilíbrios económicos da zona do euro importa analisar.

A) *O novo Tratado sobre a Estabilidade, a Coordenação e a Governação da União Económica e Monetária*

Trata-se da sexta revisão substancial do Tratado fundador da atual União Europeia – o Tratado de Roma – e tem como objetivo expresso ultrapassar as conhecidas limitações do Tratado de Lisboa no que respeita à coordenação económica na União Europeia. Este novo Tratado, assinado durante o Conselho Europeu de 1 e 2 de março de 2012, propõe-se fortalecer o pilar económico da União Económica e Monetária através da adoção de um conjunto de medidas orientadas para o reforço da disciplina orçamental, incluídas no chamado "compacto fiscal". Propõe-se, igualmente, neste âmbito, reforçar os mecanismos de coordenação das politicas económicas e da governação da zona euro, tendo em perspetiva o crescimento sustentado, o emprego, a competitividade e a coesão social. As suas disposições são para aplicar aos países do euro e também a todos os outros países da União Europeia que o assinarem, de acordo com os termos fixados no próprio Tratado.

O Tratado, de características intergovernamentais, para facilitar a sua adoção por parte dos países signatários, procura aprofundar o Pacto de Estabilidade e Crescimento, estabelecendo regras mais apertadas para a condução das políticas orçamentais. Insere-se na conceção de que importa, sobretudo, dar sinais para os mercados de empenho na limitação de comportamentos, reforçando a transferência das responsabilidades, pela situação atual, para os países membros considerados prevaricadores. Neste sentido tem, sobretudo, um caráter preventivo e dissuasor, não se podendo considerar, de forma alguma, uma resposta para fazer face aos problemas do presente.

O chamado *compacto fiscal* constitui a parte substancial do novo Tratado e define, as regras que devem ser aplicadas na gestão do défice e da dívida pública:

i) O orçamento deverá registar um saldo equilibrado ou excedentário. Esta regra será verificada se o saldo estrutural anual do orçamento geral de Estado se situar dentro do objetivo de médio prazo específico do pais, tal como definido no Pacto de Estabilidade e Crescimento revisto, de um défice estrutural de 0,5% do PIB a preços de mercado.

Por "saldo estrutural anual do orçamento geral do Estado" entende-se o saldo anual ajustado do ciclo e líquido de medidas extraordinárias. Os países comprometem-se a assegurar uma rápida convergência para este objetivo. O modo temporal de convergência será proposto pela Comissão tendo em conta as condições dos países. Os progressos em relação à progressão para este objetivo de médio prazo serão avaliados com base num *overall assessment* tendo o saldo estrutural como referência, incluindo uma análise da despesa, líquida de medidas extraordinárias de rendimento, em linha com o definido no PEC revisto.

ii) Os países podem desviar-se temporariamente do seu objetivo de médio prazo ou do caminho de ajustamento apenas em circunstâncias excecionais. Por "circunstâncias excecionais" entende-se o caso de um acontecimento extraordinário fora do controle do país e que tenha um impacto maior na posição financeira do governo geral ou de períodos de severa contração, tal como definido no PEC revisto, salvaguardado que o desvio temporário relativamente ao objetivo não ponha em perigo a sustentabilidade fiscal a médio prazo.

iii) Nas situações em que o rácio de dívida seja significativamente inferior a 60% e em que os riscos em termos de sustentabilidade de longo prazo das finanças públicas sejam baixos, o défice estrutural poderá atingir 1% do PIB.

Parte II – Conferência "Portugal, Europa e a Crise Económica ..." | 115

iv) Em caso de desvios significativos do caminho para o objetivo de ajustamento, entrará automaticamente em funcionamento um mecanismo de correção. Este mecanismo incluirá a obrigação de o pais em falha pôr em marcha medidas de correção do desvio num prazo determinado.

O Tratado obriga, ainda, que todas estas regras tenham de ser transpostas para as leis nacionais, até um ano após a entrada em vigor do mesmo, através de disposições reforçadas e permanentes, de preferência constitucionais ou equivalentes.

No que respeita ao mecanismo de correção dos desvios, este deverá ser posto em funcionamento a nível nacional de acordo com princípios comuns, propostos pela Comissão. Estes princípios deverão ter em conta, a natureza, a dimensão e o quadro temporal da ação de correção, também no caso de circunstâncias excecionais, e o papel e independência das instituições responsáveis a nível nacional pela monitorização do cumprimento das regras. Ainda de acordo com as disposições do tratado, o mecanismo de correção deverá respeitar completamente as prerrogativas dos Parlamentos nacionais.

O Tratado fixa igualmente regras para o reforço da coordenação económica, designadamente no que respeita à gestão conjunta de processos de desvio ou convergência para os objetivos fixados:

i) No caso de o rácio de dívida exceder os 60% o pais deverá reduzi-lo a uma taxa média anual de 1/20. A existência de défice excessivo relacionado com o não cumprimento do critério da dívida será decidido de acordo com o Tratado de Funcionamento da UE;

ii) Os países que estejam sujeitos a procedimentos por défices excessivos deverão elaborar programas de reformas estruturais que serão acompanhados de acordo com o definido no PEC revisto;

iii) Os planos de emissões de dívida por parte dos países membros do euro deverão ser reportadas previamente à Comissão e ao Conselho;

iv) As propostas da Comissão relativamente aos países do euro não cumpridores do critério do défice deverão ser apoiadas pelos EM, salvo se uma maioria qualificada se opuser;

v) A infração das regras de estabilidade orçamental poderão levar à imposição de multa que poderá atingir 0,1% do PIB, a decidir pelo Tribunal de Justiça da UE. A multa será paga ao Mecanismo de Estabilidade Europeia, no caso de um pais pertencente ao euro, ou diretamente ao orçamento comunitário nos outros casos;

Ainda com o objetivo do reforço da coordenação das politicas económicas e da convergência, o Tratado inclui disposições de comprometimento dos diferentes países relativamente ao bom funcionamento da União Económica e Monetária, designadamente através da discussão *ex-ante* e da coordenação das principais reformas a executar no âmbito de cada país individualmente considerado. Esta discussão deverá envolver as próprias instituições comunitárias.

No âmbito mais geral da governação da euro área, reforça-se o papel da componente de gestão intergovernamental, ficando estabelecido a realização de Cimeiras informais sempre que necessário, e no mínimo duas por ano, para discutir e acompanhar a evolução dos assuntos do euro e definir orientações estratégicas para a condução das politicas económicas da zona.

O Tratado entrará em vigor em 1 de janeiro de 2013 ou no primeiro dia do mês seguinte após a entrega dos instrumentos de ratificação do 12º país. Até cinco anos após a sua vigência e uma vez feita uma avaliação do seu funcionamento serão dados os passos necessários para a sua incorporação na lei da União Europeia.

B) O Mecanismo Europeu de Estabilidade

A decisão de criar o Mecanismo Europeu de Estabilidade (MEE) é tomada na Cimeira Europeia de 7 de dezembro de 2010, assumindo as atribuições cometidas ao FEEF – Fundo Europeu de Estabilidade Financeira e do MEEF – Mecanismo Europeu de Estabilidade Financeira, para prestação, quando necessário, de assistência financeira aos Estados – Membros do euro. Ficou, no entanto, a aguardar a conclusão do Tratado sobre a Estabilidade, a Coordenação e a Governação (TECG) da UEM para ver, finalmente, a luz do dia em 2 de fevereiro de 2012. O MEE e o TECG são complementares: a assistência financeira requer a adesão ao TECG. No seu conjunto, apresentam-se como os instrumentos do reforço da coordenação económica da União Económica e Monetária para prevenir e fazer face a situações de crise como a que se vive atualmente no espaço da zona euro.

O MEE tem o estatuto de instituição financeira internacional, sendo-lhe atribuída a missão de reunir fundos e prestar apoio de estabilidade aos países membros com problemas de financiamento, sujeito a rigorosa condicionalidade, de acordo com o instrumento financeiro escolhido. Para esse efeito, o MEE está autorizado a reunir fundos através da emissão de instrumentos financeiros ou da celebração de acordos ou convénios financeiros ou de outra natureza com os membros do MEE, instituições financeiras ou terceiros.

A condicionalidade do apoio é negociada pela Comissão Europeia em articulação com o BCE. O pedido de ajuda dá origem a um Memorando de Entendimento onde serão especificados os termos da condicionalidade que acompanha o instrumento de assistência financeira que, por sua vez, deverão refletir a gravidade dos problemas que deram origem a esse pedido de ajuda. Cabe a estas duas instituições e, sempre que possível, em conjunto com o FMI, monitorizar a observância da condicionalidade acordada. De salientar que passa a estar reconhecida no âmbito do MEE a necessidade de colaboração estreita com o FMI, aconselhando-se expressamente os países que solicitarem assistência financeira no quadro do

MEE a apresentarem idêntico pedido ao FMI. Consagra-se, deste modo, aquilo que tem sido a prática no caso das crises das dívidas soberanas, o que não deixa de traduzir a recusa, uma vez mais, de considerar os problemas financeiros dos países membros do euro como um assunto do conjunto da zona monetária, ainda que com o argumento da necessidade de mobilizar os mercados financeiros internacionais. Privilegia-se uma abordagem eminentemente nacional da crise, justificando-se, deste modo, a intervenção do FMI.

A capacidade máxima de financiamento do MEE foi fixada, inicialmente, em 500 000 milhões de euros, incluindo o apoio de estabilidade já concedido no quadro do FEEF. O capital autorizado da instituição foi fixado em 700 000 milhões de euros, devendo 80 000 milhões ser realizados.

Os instrumentos financeiros escolhidos para apoio de estabilidade são cinco: i) assistência financeira cautelar; ii) assistência financeira para a recapitalização das instituições financeiras de um membro do MEE; iii) empréstimos do MEE; iv) mecanismo de apoio em mercado primário; v) mecanismo de apoio em mercado secundário. Para se financiar, o MEE poderá contrair empréstimos nos mercados de capitais, junto dos bancos, instituições financeiras ou outras entidades ou instituições.

Relativamente à versão inicial do Tratado aprovada em 11 de março de 2011, o MEE atual apresenta significativas alterações que não deixam de refletir a agudização dos problemas na zona euro e as discussões entretanto havidas.

A versão inicial apenas previa a assistência financeira sob a forma de empréstimos a países membros, enquanto que a compra de títulos no mercado primário apenas era considerada como uma exceção. Na versão assinada em fevereiro, o MEE elimina a natureza excecional da compra de títulos no mercado primário e prevê instrumentos para a compra de títulos no mercado secundário. Define, também, instrumentos para a assistência financeira cautelar, sob a forma de uma linha de crédito cautelar, sujeita a certas condições ou de uma linha de crédito sujeita a condições mais rigorosas e, ainda, para a assistência financeira à recapitalização de instituições financeiras. Facilita, ainda, o esquema dos custos da assistência financeira, que deverão cobrir os custos do financiamento e os operacionais, incluindo uma margem apropriada, e terão como referência as taxas dos empréstimos da facilidade da balança de pagamentos para os países não-membros do euro. As maturidades, por sua vez, poderão ir até aos 30 anos.

O MEE prevê, também, um procedimento de emergência para decisões de assistência financeira em que são suficientes 85% dos votos dos países-membros. Este procedimento será utilizado sempre que se considere que a estabilidade da zona euro fique afetada se uma decisão urgente não puder ser tomada por mútuo acordo. Sempre que isto ocorrer, será constituído um fundo de reserva de emergência, a partir do fundo de reserva ou do capital realizado, para garantir os riscos associados à decisão. Finalmente é de salientar a já referida inclusão formal da cooperação estreita com o FMI, quer no domínio financeiro quer no domínio técnico, incluindo no que respeita ao envolvimento do setor privado nos processos de apoio à estabilidade.

C) A política monetária do BCE

A terceira componente da resposta europeia à crise tem uma dimensão mais prática e de efeitos imediatos e diz respeito à intervenção do Banco Central Europeu.

Em 8 de dezembro de 2011, em paralelo com as decisões da Cimeira Europeia, o BCE decidiu reduzir a taxa de juro da política monetária em 25 pontos base, fixando-a em 1%, e responder aos problemas de liquidez do setor financeiro com um conjunto de medidas adicionais de financiamento que, no mínimo, podem ser consideradas bastante heterodoxas, tendo em conta a prática e a cultura do BCE relativamente à condução da política monetária.

Com o objetivo de reforçar a capacidade de empréstimo dos bancos à economia e a liquidez do mercado monetário da zona euro, o BCE decidiu conduzir duas operacões de refinanciamento de longo prazo (LTROs), a taxa fixa e com alocação ilimitada, com maturidades de 36 meses e opção de pagamento antecipado após um ano. Simultaneamente decidiu reduzir o rácio de reserva de 2% para 1% e alargar as condições de aceitação dos colaterais, incluindo a empréstimos bancários sujeitos a condições determinadas de elegibilidade.

As operações de refinanciamento foram conduzidas em 21 de dezembro de 2011 e 29 de fevereiro de 2012, tendo-se traduzido, no primeiro caso, num financiamento de 489,2 mil milhões de euros a 523 bancos e, no segundo, de 529,5 mil milhões e 800 instituições. No total, uma injeção potencial de liquidez de aproximadamente 1 bilião de euros na economia, no curto espaço de dois meses, com o objetivo declarado de ir ao encontro das necessidades de financiamento dos governos e dos particulares.

Com esta intervenção no mercado monetário o BCE alargou o leque de medidas de política monetária às chamadas medidas "não convencionais", eufemismo para a adoção prática de uma política de credor de último recurso, tal como vinha sendo reclamado por largos setores de responsáveis políticos e económicos, sem deixar de continuar a afirmar todo o empenho na manutenção do objetivo central de estabilidade dos preços na zona euro, num nível inferior mas próximo dos 2%, tal como fixado.

Tendo em conta a polémica existente em torno do papel do BCE na resposta à crise e, em particular, a conhecida oposição do governo alemão a uma política monetária de tipo expansionista, como a prosseguida pelos congéneres inglês ou americano é interessante ter presente a justificação que é dada para a adoção das chamadas medidas não convencionais e que se encontra expressa na comunicação que o Vice-governador Vítor Constâncio fez numa conferência internacional, realizada no mesmo dia em que as novas medidas não convencionais do BCE eram anunciadas.

Quatro argumentos fundamentais foram, então, avançados (Constâncio, 2011).

Parte II – Conferência "Portugal, Europa e a Crise Económica ..." | 121

O primeiro argumento tem a ver com a questão da estabilidade dos preços. A justificação fundamental para a injeção de liquidez refere a inexistência de pressões inflacionistas significativas na zona euro. Pelo contrário, a existir algum perigo ele será o da deflação em resultado das perspetivas de estagnação ou mesmo de contração do output na zona. Será, mesmo, expectável que a inflação, que neste momento está acima dos 2% recue, nos próximos meses para um nível inferior aos 2%.

Com efeito, dados sobre a evolução do M3 apontam para uma expansão monetária moderada na zona do euro. De acordo com o BCE, entre janeiro e dezembro de 2011, face a idêntico período do ano anterior, o M3 aumentou apenas 1,5%, registando mesmo um recuo de 53 mil milhões de euros em dezembro. Entre novembro de 2011 e janeiro de 2012 a taxa média anualizada foi de 2%, idêntica à do período anterior. A não existirem medidas de flexibilização de liquidez, o risco seria assistir-se a uma contração da massa monetária para níveis semelhantes aos da crise dos anos 30 nos EUA, com todas as suas consequências recessionistas.

O segundo argumento tem a ver com a ineficácia do mecanismo de transmissão da política monetária. De acordo com a análise em referência, a disfunção verificada em alguns segmentos dos mercados financeiros impede o normal funcionamento da economia e do mecanismo de transmissão da política monetária ao pôr em causa a estabilidade dos preços no longo prazo. A intervenção do BCE justifica-se, neste contexto, como uma forma de recuperar a capacidade de assegurar a estabilidade dos preços no médio prazo que, doutra forma, não seria possível.

As medidas não convencionais, na ótica do BCE, são temporárias na sua natureza e no seu perfil e, na sua generalidade, terminam automaticamente sem necessidade de "phasings out" complicados. No atual contexto, que se vive na zona euro, estas medidas não oferecem qualquer perigo de gerar pressões inflacionistas uma vez que não se verifica, verdadeiramente, o funcionamento do mecanismo do multiplicador monetário. Na realidade a sequência será a inversa, com os bancos a tomarem as suas decisões de crédito e adequarem posteriormente o financiamento e as reservas no banco central. Neste sentido, será mais correto falar, na atualidade, do funcionamento de um "divisor de crédito" mais do que de um "multiplicador de crédito".

O terceiro argumento, liga-se com o chamado "princípio da separação", ou seja, o reconhecimento de que os instrumentos de política convencionais e os instrumentos não convencionais têm diferentes objetivos. As medidas não convencionais justificam-se em situações excecionais, quando se quer assegurar que as disfunções dos mercados financeiros, como é o caso da situação atual, não se traduzam em disrupções do mecanismo de transmissão da política monetária que comprometam a capacidade do BCE de atuar através da política das taxas de juro. Apresentam-se, deste modo, como medidas complementares e não substitutas das medidas convencionais, procurando assegurar que a política convencional produz os efeitos pretendidos, sem que isso signifique qualquer relaxamento da postura geral da política monetária.

É interessante notar a preocupação dos responsáveis do BCE em estabelecer a diferença da sua política de oferta de liquidez relativamente à política de "quantitative easing" ou de flexibilização quantitativa, prosseguida pelos congéneres americano e inglês. Neste último caso, as medidas são consideradas como um substituto para a política das taxas de juro quando estas atingem níveis próximos de zero e não podem mais ser reduzidas. No caso do BCE, as medidas não convencionais destinam-se a assegurar que as decisões convencionais funcionam em todos os horizontes temporais.

O quarto argumento, finalmente, tem a ver com o papel clássico do banco central enquanto credor de último recurso. E aqui é reconhecida, plenamente, a necessidade de o BCE assumir a sua função de banco central, assegurando que a liquidez necessária ao funcionamento dos mercados não falte, de forma a que a economia possa funcionar plenamente. As injeções de liquidez realizadas pelo BCE e mesmo a intervenção nos mercados de obrigações de dívida soberana, destinam-se a contrariar da iliquidez existente

Parte II – Conferência "Portugal, Europa e a Crise Económica ..." | 123

nos mercados resultante dos efeitos de contágio da crise internacional e a garantir que o mecanismo de transmissão da política monetária funcione, sem que isso tenha repercussões negativas sobre a estabilidade dos preços. A simples utilização da política de taxas de juro não produziria, no atual contexto, qualquer efeito.

3.4. As perspetivas de saída da crise

A saída da crise no espaço da zona euro e por arrastamento na União Europeia, para além, naturalmente, de ser influenciada pelo que se vier a passar no contexto mais geral da economia global, vai depender crucialmente do modo como as medidas adotadas, e que discutimos no ponto anterior, vierem a dar resposta aos dois problemas centrais que conduziram à situação atual: a *crise de identidade* e a *inexistência de mecanismo efetivo de ajustamento* no seio da moeda única.

O novo Tratado sobre estabilidade tem características eminentemente recessivas, no curto e no médio prazo, tendo em conta as situações generalizadas de endividamento e de défice orçamental na zona euro, embora possa funcionar como mecanismo disciplinador e orientador no longo prazo. Obriga, igualmente, a uma muito maior integração das políticas económicas, na medida em que prevê uma redução substancial da soberania orçamental dos países, através de uma maior coordenação ex-ante das políticas orçamentais, da gestão europeia das denominadas reformas estruturais, do reforço das sanções em caso de incumprimentos, inclusive, através da gestão conjunta da própria emissão de dívida.

A escolha do critério de défice estrutural e a sua fixação do seu limite máximo em 0,5% do produto também deixa muito a desejar, do ponto de vista teórico e do ponto de vista prático. Em primeiro ligar, o conceito de défice estrutural é uma construção puramente abstrata, não relevando de nenhum indicador com significado económico real. Por outro lado, a sua fixação em 0,5% do produto, para além de ignorar as diferenças de desenvolvimento entre os países introduz um forte impulso contracionista num contexto já de si recessivo. As consequências são evidentes: amplia a contradição entre o nível de integração e a assimetria de realidades económicas da zona, aumentando as forças centrífugas e potenciando as condições para a produção de integração multiforme, senão mesmo de desintegração. Por outro lado, acentua as características assimétricas do mecanismo de ajustamento no interior do euro, dificultando ou tornando mesmo impossível a produção de convergência entre países. A produção de endogeneidade na zona fica seriamente comprometida, colocando mais exigências ao processo de integração que poderá ficar comprometido na sua continuidade.

Já no que respeita ao Mecanismo de Estabilidade, verifica-se uma maior preocupação com os problemas atuais de financiamento dos países, podendo vir a ser um instrumento útil, em articulação com a intervenção do BCE se, entretanto, forem ultrapassadas as reservas com que a Alemanha e os países excedentários o encaram. Prevê vários mecanismos de assistência financeira, incluindo para intervenções nos mercados primário e secundário de dívida soberana, o que poderá permitir ultrapassar os bloqueios atualmente existentes nos mercados financeiros. A sua eficácia real dependerá do modo como o seu funcionamento se processar em articulação com os compromissos do Tratado sobre estabilidade, de que é mecanismo complementar e, em certo sentido, contraditório, uma vez que, ao facilitar o desbloqueio das restrições de financiamento nos mercados, atua como flexibilizador do ajustamento. Considerado isoladamente, poderá ser um instrumento que alivia as pressões sobre os países mais debilitados na situação atual, flexibilizando temporalmente as condições de recuperação e atenuando os fatores de produção de assimetria que estão na origem da crise de identidade do projeto europeu. Tudo dependerá, obviamente, do modo como a condicionalidade for aplicada e neste sentido tudo está remetido para o novo Tratado sobre a estabilidade. No que respeita ao mecanismo de ajustamento dos desequilíbrios na zona euro poderá funcionar, igualmente, como um flexibilizador da restrição temporal, permitindo conciliar melhor o reequilíbrio externo

Parte II – Conferência "Portugal, Europa e a Crise Económica ..." | 125

com a produção de desemprego a nível interno. A médio prazo, o Mecanismo de Estabilidade poderá funcionar como instituição de suporte para a emissão dos desejados "eurobonds".

Em todo o caso fica a dúvida se o papel de financiador do MEE não poderia ser desempenhado, de forma mais eficaz, diretamente pelo BCE.

Paradoxalmente é a instituição de tradição supostamente mais ortodoxa que acaba por dar uma resposta mais efetiva aos problemas do momento com o reforço da utilização das chamadas medidas não convencionais através das duas injeções de liquidez a três anos e com o anúncio de que utilizarão as medidas que forem necessárias para assegurar o financiamento da economia, ainda que sem por em causa o objetivo da estabilidade dos preços. Depois de todas as hesitações da era Trichet, que levaram, inclusive, à subida por duas vezes, em 2011, das taxas de juro de 1% para 1,5%, no pressuposto de que a economia europeia tinha iniciado o seu processo de recuperação e era necessário começar a retirar os incentivos proporcionados pelas políticas mais expansionistas, para conter as pressões inflacionistas, o BCE da era Draghi tem-se revelado mais consciente dos reais perigos da situação e tem procurado ser mais ativo na resposta aos problemas. O que, aliás, não tem deixado de causar perturbações no seio dos responsáveis europeus, em particular com as autoridades alemãs, incluindo os responsáveis do Bundesbank.

Com a adoção das medidas não convencionais o BCE dá um passo importante no sentido de se aproximar das posições que defendem a emissão de moeda como uma forma de ultrapassar a crise das dívidas soberanas e recuperar as condições para a retoma do crescimento no conjunto da zona. Sem dúvida, que a forte injeção de liquidez verificada nestes dois últimos meses permitiu desbloquear os constrangimentos do mercado monetário e aliviar as pressões nos mercados de dívida, dando mais tempo para que as dinâmicas de recuperação económica se possam instalar. Mas é necessário que outros mecanismos entrem em ação, canalizando essa liquidez para a economia real. E isso ainda não está a acontecer verdadeiramente.

Vistos no seu conjunto, o novo Tratado, o Mecanismo de Estabilidade e a política do BCE, não é seguro que funcionem em sintonia de objetivos e em convergência de resultados. Tudo irá depender da capacidade de a Europa e da zona euro, em particular, de encontrarem uma plataforma integrada de resposta à crise, que tenha em conta as particularidades de cada país membro, o que não é um dado adquirido. A continuação da prioridade às políticas de austeridade, que está consubstanciada no texto do novo Tratado sobre estabilidade, configura um cenário de potencial agravamento que, com elevada probabilidade, poderá levar à rotura do processo de integração na Europa. A recuperação de uma perspetiva de crescimento e de coesão, que é permitida pela intervenção do BCE e um correto aproveitamento do Mecanismo de Estabilidade, poderá, por sua vez, introduzir uma nova dinâmica de integração que permita, não apenas dar resposta às dificuldades atuais como também abrir o caminho para responder aos problemas de natureza estrutural.

Podemos sintetizar a discussão efetuada dos efeitos potenciais das decisões mais recentes dos responsáveis europeus sobre a crise de identidade do projeto de integração e o mecanismo de ajustamento do euro, no quadro abaixo apresentado. Um sinal mais significa um contributo positivo para a resolução do problema. Um sinal menos significa um contributo negativo. Um sinal mais e outro menos significa um efeito indefinido, dependente das opções mais gerais. Por sua vez, a existência de um ou dois sinais pretende significar a magnitude relativa dos efeitos.

Quadro 2: Efeitos sobre a crise de identidade (CI)
e o mecanismo de ajustamento do euro (MA)

	CI	MA
TECG	- -	- -
MEE	- +	+
BCE	+ +	+

De todas as decisões, aquela que é potencialmente mais disruptiva é, claramente a que diz respeito ao novo Tratado sobre estabilidade na zona euro. Na medida em que significa um reforço das posições mais restritivas relativamente à gestão do processo de integração na Europa, tem um efeito amplificador de assimetrias e de reversão de endogeneidade da zona monetária. O resultado só poderá ser o de agravamento da crise potenciando os fatores de integração multiforme ou mesmo de desintegração da zona.

O Mecanismo de estabilidade, por sua vez, é potencialmente benéfico para a resolução dos problemas, quer do lado da crise de identidade, quer do lado do mecanismo de ajustamento, dependendo do modo como se combinará com o Tratado sobre estabilidade.

A decisão com efeitos potencialmente mais positivos, é sem dúvida, a do BCE em matéria de flexibilização de política monetária, com a adoção das chamadas medidas não convencionais de injeção de liquidez, reafirmando o seu papel de credor de último recurso.

Resumindo, continua em aberto o desenvolvimento do processo de crise na Europa e na zona euro não sendo, ainda, claro o seu desfecho. A persistirem as tendências atuais, hegemonizadas pela Alemanha, e que se traduzem no novo Tratado sobre estabilidade, a resultante poderá ser, muito provavelmente, a desagregação da zona euro, ainda que podendo revestir formas diversas. Caso se inverta o caminho e se opte por uma gestão simétrica da crise, com assunção de uma resposta coletiva à crise das dívidas soberanas, poderá ser possível continuar o processo de integração mas, também nesta hipótese, não deixarão de produzir-se transformações significativas.

4. A crise portuguesa

Apesar de centrarmos, deliberadamente, a nossa intervenção na análise das dimensões global e europeia da crise económica e financeira internacional, não queremos deixar de fazer algumas notas, necessariamente mais breves, sobre a crise, particular, que afeta a economia portuguesa. Também neste caso é possível distinguir entre uma dimensão de natureza mais conjuntural, que reflete as vicissitudes do desenvolvimento da crise europeia e internacional, e uma dimensão mais estrutural que reflete a evolução específica da economia portuguesa nas três últimas décadas (Mendonça e Farto, 2006 e Mendonça, 2011).

A crise conjuntural é a manifestação, nas condições particulares da economia portuguesa, da crise mais geral que atravessa toda a economia internacional. A crise estrutural, constitui a manifestação de um processo mais amplo, de progressivo enfraquecimento da capacidade da economia portuguesa de se ajustar às novas dinâmicas, induzidas pela globalização económica, em geral, e pelo desenvolvimento do processo de integração económica na Europa, em particular. Esta incapacidade de ajustamento evidenciou-se de forma dramática no período pós-euro.

Sendo crises distintas, na sua génese e desenvolvimento, potenciaram-se mutuamente nesta fase particular, realçando as fragilidades estruturais da economia portuguesa, anulando praticamente a autonomia de resposta aos problemas conjunturais, agravando a restrição financeira e reduzindo, drasticamente, a margem de manobra para conciliar os objetivos de ajustamento a nível das finanças públicas com a necessidade de estimular o crescimento económico e o emprego.

4.1. A crise estrutural da economia portuguesa

Numa abordagem retrospetiva, podemos distinguir quatro etapas fundamentais no processo de desenvolvimento da crise estrutural que afeta a economia portuguesa. Uma primeira etapa que se inicia com o acordo de *stand by* com o FMI de 1983 e que se estende até à adesão às Comunidades em 1986. Uma segunda etapa que corresponde ao período pós-adesão até à adesão do escudo ao sistema monetário europeu (SME), em 1992. Uma terceira etapa que corresponde ao período de participação no SME. Uma quarta etapa que corresponde à era do euro. Com muita probabilidade estaremos a viver a quinta etapa deste processo de crise estrutural, que também poderá significar a aceleração de um processo de ajustamento estrutural profundo da economia portuguesa, numa direção que ainda não é clara.

1ª Etapa. O acordo com o FMI de 1983: sucesso conjuntural; insucesso estrutural

O acordo de resgate financeiro, assinado com a chamada *Troika* constitui, de certa forma, o fim de um ciclo de cerca de trinta anos que teve o seu início com outro pedido de ajuda externa, que levou ao acordo de *stand by* firmado entre o governo do Dr. Mário Soares e o FMI, em agosto de 1983, e que se prolongou até fevereiro de 1985. Então, como agora, a deterioração da posição externa do país conduziu a uma situação de emergência forçando o recurso ao financiamento externo, caucionado pela intervenção do Fundo.

Os resultados alcançados nos dois anos de aplicação do acordo (1983 e 1984) podem ser considerados excecionais. O objetivo principal, que era redução do défice da BTC, foi plenamente cumprido, o mesmo acontecendo com os outros objetivos, a limitação do endividamento externo e a desaceleração da inflação, exceção feita ao défice de caixa do setor público alargado, o que implicou o não cumprimento da respetiva *performance clause*. A contrapartida deste sucesso, do programa de estabilização, foi a recessão económica de 1983-1984, a contraciclo dos restantes parceiros europeus.

Em 1985, não obstante o fim do da vigência do acordo, mantiveram-se no essencial os objetivos e as políticas aprofundando-se, no entanto, as medidas de flexibilização e liberalização do sistema financeiro e bancário no quadro da preparação da adesão às Comunidades Europeias que ocorreria a 1 de janeiro de 1986. Os três anos que precederam a adesão às Comunidades, foram marcados pelas políticas restritivas, de recuperação do equilíbrio externo, com resultados evidentes e muito significativos no plano dos objetivos específicos de natureza conjuntural, mas com resultados menos evidentes no plano do ajustamento estrutural da economia.

Com efeito, é sintomática a persistente e grande dificuldade de controlar os fatores produtores do défice público, dificuldade esta que foi agravada pela recessão. Igualmente é de assinalar o facto de a recuperação económica se ter realizado mais como uma resposta passiva ao aumento da procura externa, num contexto internacional verdadeiramente excecional, do que em resultado de uma verdadeira alteração quantitativa e qualitativa da oferta interna, suscetível de gerar condições específicas e de competitividade sustentada (ver gráfico 5 em anexo).

No que concerne às políticas estruturais, não é evidente que tenham tido um papel de relevo neste período e, muito menos, que tenham obedecido a uma estratégia coerente de preparação para o choque que se iria produzir a seguir, com a adesão às Comunidades. É extremamente significativo, a este respeito, que a recuperação económica de 1985 se tenha processado em moldes que pouco tiveram a ver com o que era esperado e que constava das Grandes Opções do Plano. O PIB real cresceu mais do que estava previsto e foi impulsionado pela procura externa e não pela procura interna (que teve um crescimento reduzido). A BTC, por sua vez, registou um saldo muito mais favorável. A própria inflação teve uma desaceleração superior ao que estava previsto (ver gráficos 1, 2, 4 e 10).

Globalmente, os acontecimentos exógenos que marcaram a evolução da economia portuguesa durante o ano de 1985 podem ser considerados como um verdadeiro *choque externo* positivo. Com efeito, dificilmente é concebível uma conjugação de tantos e tão fortes acontecimentos positivos, a nível da economia internacional, como sejam, a queda do dólar, a descida das taxas de juro internacionais, a descida acentuada do preço do petróleo e das matérias-primas. No plano interno, há a acrescentar, um bom ano agrícola e pluviométrico, com consequências diretas na redução de importações, com destaque para a energia.

Por tudo isto, é importante relativizar o sucesso alcançado no período que antecedeu a adesão às Comunidades e que em grande medida é condicionado pelo cumprimento do acordo *stand by* com o FMI. É um facto que as políticas seguidas, designadamente no plano monetário e cambial, tiveram um impacto importante e decisivo no reequilíbrio conjuntural da economia portuguesa e, em particular, no caso da política cambial, as desvalorizações e o *crawling peg* revelaram-se adequados às necessidades de recuperação da competitividade externa. Mas é duvidoso que tenham permitido ir mais para além disso, acabando por deixar a economia portuguesa mais entregue a dinâmicas exógenas, fora da sua capacidade de controle.

Também não será de negligenciar a hipótese de as condições particulares do país na época, designadamente, a existência de uma larga faixa de economia nacionalizada e a particularidade de a política de estabilização ter sido levada a cabo por um governo de conotações políticas de centro-esquerda, poderem ter minorado os impactos negativos em termos de emprego e rendimentos e facilitado todo o processo, tornando Portugal um dos raros casos de sucesso de aplicação das políticas restritivas do FMI.

Em qualquer caso é de salientar que o sucesso alcançado no plano do reequilíbrio conjuntural é, em larga medida, o resultado da utilização do arsenal dos instrumentos tradicionais da política económica de base nacional – política orçamental, política monetária e política cambial, para além de outras. Estes instrumentos ou estão, hoje, fortemente limitados (como no caso da política orçamental), ou não estão mais disponíveis (casos das políticas monetária e cambial), para combater uma situação que, em muitos aspetos, se assemelha à vivida na primeira metade da década de 80.

2ª Etapa. O período pós adesão: sucesso no crescimento e equilíbrio externo; insucesso na inflação e défice público

O choque de oferta internacional, a que fizemos referência, as expectativas criadas pela entrada nas Comunidades, o acesso aos

132 | Portugal, a Europa e a Crise Económica e Financeira Internacional

fundos comunitários e os importantes programas de obras públicas, então iniciados, contribuíram para acelerar o crescimento económico em toda a segunda metade dos anos 80, desacelerando posteriormente, acompanhando o abrandamento cíclico das economias industrializadas, iniciado no inicio dos anos 90, nos EUA, Canadá e Reino Unido. Apesar disso, verificou-se em todo este período um processo de convergência real com a Comunidade Europeia, permitindo uma aproximação à média europeia, quer em termos de produto *per capita* quer em termos de padrões de consumo.

Neste período, foi ainda possível manter uma situação de contas externas favorável, embora os défices comerciais se mantivessem em níveis elevados, na casa dos 10% do PIB, não obstante os aumentos significativos das exportações. A dependência da procura interna das importações manteve-se e acentuou-se ao longo do período, evidenciando a dificuldade de ajustamento estrutural da economia portuguesa à nova realidade da integração. Em contrapartida, a conta de capital registou excedentes sistemáticos que permitiram reduzir a dívida externa de cerca de 80% do PIB em 1985 para cerca de 25% em 1991[1].

No que concerne à inflação, o sucesso não se verificou de forma tão evidente. Portugal inicia a década de 90 com valores de inflação próximos dos atingidos em 1986, na data da adesão, ainda que se tivessem verificado inflexões positivas, em resultado, sobretudo, da redução dos preços do petróleo e das matérias-primas. Também no que diz respeito ao SPA a evolução não pode ser considerada plenamente satisfatória. O défice manteve-se elevado ao longo do período (em torno dos 6-7% do PIB), com exceção de 1989, em resultado, fundamentalmente, de receitas fiscais excecio-

---

[1] Os dados usados provêm dos Relatórios do Banco de Portugal. Trata-se de dados em tempo real que diferem dos dados apresentados nas séries temporais que foram objeto de posteriores revisões, não raro significativas. Pareceu-nos adequado, tendo em conta o teor da análise, a sua utilização. O recurso a outras fontes será objeto de referência específica. Em qualquer caso, remete-se para os Gráficos em anexo que correspondem às séries temporais publicadas posteriormente pela AMECO, onde as tendências aparecem de forma mais clara.

nais por efeito da reforma da tributação direta[2]. A despesa pública manteve-se na casa dos 46% do PIB e a dívida direta fixou-se num patamar elevado, não obstante a afetação à amortização de algumas receitas das privatizações (ver gráficos 5 e 7).

Em síntese, no período que vai da adesão às Comunidades até ao final de 1991, verificaram-se bons resultados em matéria de crescimento, razoáveis em termos de contas externas e relativos insucessos no que respeita à inflação e contas públicas, o que evidencia a dificuldade em lidar com os problemas de natureza mais interna e estrutural. Apesar da redução da inflação ter sido considerada, desde 1986, como um objetivo permanente e, para o fim do período, como um objetivo final da política monetária, é forçoso reconhecer que se tratou de um objetivo não conseguido. Deste modo, a política cambial de elevação da taxa de câmbio real efetiva, não logrou atingir o objetivo desejado, de redução sustentada da taxa de inflação, penalizando a avaliação dos resultados da política monetária, mesmo sem considerar os possíveis efeitos perversos de reafectação de recursos e meios em desfavor do setor de bens transacionáveis, gerado pela maior pressão sobre o nível de preços deste setor em resultado da concorrência externa.

3ª Etapa. A participação no sistema monetário europeu: convergência nominal; perda de competitividade

O período que vai de 1992 a 1998 é fortemente marcado pela adesão do escudo ao Mecanismo das Taxas de Câmbio do SME, conferindo um novo enquadramento à política monetária e aproximando o sistema nacional das práticas e orgânica dos parceiros comunitários. As decisões de política monetária orientam-se neste

---

[2] A reforma da tributação direta, que entrou em vigor em 1 de Janeiro de 1989, constitui um dos aspetos mais relevantes no domínio das finanças públicas e implicou a sobreposição do pagamento do novo imposto incidindo sobre os rendimentos recebidos nesse ano e o imposto complementar sobre os rendimentos de 1988.

período, fundamentalmente para o objetivo de convergência nominal com as países da Comunidade Europeia, de modo a garantir o objetivo de integrar o grupo pioneiro da moeda única em 1999.

Nesta fase revelou-se fundamental o crescimento da procura interna, com taxas elevadas de crescimento do investimento e do consumo. A balança corrente, por sua vez, afirmou em todo o período um padrão negativo e crescente em percentagem do PIB, com exceções pontuais no ano de forte depressão de 1993, e em 1995, enquanto o défice da balança comercial, após uma redução no período mais recessivo, retoma os valores elevados tradicionais. A conta de capital, com exceção de 1993 e 1994, tendeu a ser positiva (ver gráfico 4).

Por sua vez, o défice do SPA, depois de uma forte diminuição em 1992, volta a elevar-se, atingindo os 7% em 1993, aí se mantendo até 1995. Em 1996 é visível o esforço para cumprir os critérios de convergência, ficando nos 3,3%, reduzindo-se para 2,5% e 2,3%, nos dois anos seguintes, garantindo as exigências. A dívida pública, depois de alcançar um mínimo em 1992, volta a elevar-se em 1993, 1994 e 1995, atingindo os 71,6% do PIB neste último ano. Posteriormente inverteu a tendência, por efeito das privatizações e no espírito do movimento desejado pelas autoridades europeias, fixando-se nos 57% no final do período, em 1998 (ver gráficos 5 e 7).

Em 1991 a inflação começa a dar os primeiros sinais de baixa sustentada, talvez como efeito da conjuntura recessiva, caindo consistentemente nos anos seguintes, para atingir um mínimo em 1997, com o IPC a atingir o valor de 2,2%. A partir de 1991 verificou-se, ainda, uma forte e continuada desaceleração dos custos unitários do trabalho, reflexo da moderação gradual verificada a nível dos salários nominais, a qual constituiu uma importante causa da queda sustentada da inflação em Portugal nesse período.

A experiência de sucesso da desinflação em Portugal, refletiu a adoção de uma política monetária orientada para a estabilidade de preços, através da prossecução de um objetivo intermédio de estabilidade cambial, no pressuposto do efeito disciplinador da estabilidade cambial sobre os custos internos.

O *peg* das moedas fracas às moedas fortes tornou-se, neste período, uma política aceite como boa internacionalmente, tendo sido levada, em algumas situações, demasiado longe, como se verificou nas crises cambiais da Ásia e do México e, até mesmo a extremos, como se verificou no caso da Argentina, onde esteve associada a um enfraquecimento da própria estrutura produtiva.

Em Portugal, os seus efeitos sobre a economia real nunca foram verdadeiramente discutidos, não sendo de excluir que tenham sido significativos e, em parte, perversos. Ao ter gerado um diferencial inflacionista persistente entre os bens transacionáveis e não transacionáveis, (ver gráfico 11) a política monetária produziu certamente efeitos assimétricos sobre a estrutura produtiva nacional, por via de uma maior atratividade dos segundos. Ter-se-á produzido, em consequência, um efeito de substituição de recursos em desfavor do desenvolvimento de capacidades produtivas no setor de bens transacionáveis e exportador, contribuindo para a tão falada perda de competitividade externa da economia portuguesa, em vez do desejado efeito modernizante.

4ª Etapa. O choque do euro: as debilidades estruturais voltam a manifestar-se em toda a sua dimensão

Entre janeiro de 1999 e os nossos dias distam 13 anos. Um tempo curto, sem dúvida, para avaliar, de forma segura, os resultados de uma mudança institucional tão profunda, como foi a criação de um espaço europeu de integração monetária, com transferências de soberania fortíssimas, em matéria de política económica, sem equivalente, no entanto, no plano da decisão política e na assunção de responsabilidades coletivas. Mas um tempo suficiente, para avaliar os efeitos que o choque da introdução da moeda única gerou, seja nas dinâmicas internas das economias nacionais participantes no projeto, seja nas dinâmicas das suas articulações internacionais.

No caso da economia portuguesa, quatro constatações emergem da evolução observada neste período.

A primeira é de natureza geral e diz respeito ao sucesso do Banco Central Europeu na prossecução do seu objetivo primordial de controle da inflação. É inegável que se conseguiu, não só reduzir as taxas nacionais de inflação como garantir uma convergência, se bem que com algumas flutuações, para a referência de atração dos 2%. Portugal, não obstante níveis superiores de inflação em relação aos valores médios europeus verificados ao logo do período, não foge a esta regra.

A segunda constatação tem a ver com a dinâmica de crescimento do produto e do emprego da economia portuguesa e aqui as coisas revelam-se mais complicadas. Com efeito, coincidindo com a introdução do euro verifica-se uma desaceleração substancial do crescimento que, em parte, acompanha a desaceleração verificada igualmente na economia europeia no seu conjunto mas que, a partir de 2002, adquire características claramente estagnantes, com taxas de crescimento do produto real sistematicamente inferiores à média da zona euro (ver gráfico 2).

A fraca dinâmica do produto reflete-se, como não podia deixar de ser, na evolução fortemente negativa do desemprego. No período pós-euro a taxa de desemprego parte de um mínimo atingido em 2000, de cerca de 4%, para se aproximar da média europeia, na casa dos 8%. A agravante, no caso português, é que esta convergência se realiza a contra ciclo da tendência europeia que vai no sentido descendente (ver gráfico 12).

A terceira constatação prende-se com a evolução das contas externas. Não só se verifica uma deterioração sistemática do défice da balança corrente, provocada pelo agravamento do défice da balança comercial, como a situação adquire contornos bastante mais negativos na medida em que a dinâmica de entrada de capitais, sobretudo no que respeita ao investimento direto, não atuou, como noutros momentos anteriores, como contrapeso ao aumento da vulnerabilidade externa da economia portuguesa, manifestada de forma muito evidente na perda de competitividade das exportações e na forte dependência da produção interna das importações. Esta evolução levou a economia portuguesa para uma situação em tudo semelhante àquela que levou à intervenção do FMI, antes analisada, com níveis de défice e de endividamento externos só atingíveis, dado o contexto permissivo e acomodatício da ausência de restrição cambial e da complacência do setor financeiro (ver gráfico 4).

Por fim, uma quarta constatação tem a ver com o comportamento das finanças públicas, não obstante todos os constrangimentos decorrentes da aplicação do Pacto de Estabilidade e Crescimento. Depois de um período de relativo sucesso no controle do défice, que coincidiu com o processo de convergência nominal e com uma conjuntura interna e externa muito favorável, as debilidades estruturais voltaram a manifestar-se com toda a força, agravadas pelo contexto de desaceleração da atividade económica, evidenciando o défice das contas públicas como um verdadeiro nó górdio da economia portuguesa (ver gráfico 5).

Síntese. agosto de 1983 – maio de 2011: o que mudou verdadeiramente na economia portuguesa?

No espaço de tempo que separa as duas intervenções do FMI, muita coisa mudou no funcionamento da economia portuguesa. E, expressão disso é, também, o facto de a segunda intervenção externa se fazer com o FMI integrando uma *Troika*, juntamente com a Comissão Europeia e o Banco Central Europeu.

Para lá de um processo normal de crescimento e de desenvolvimento económico interno, verificou-se uma mudança estrutural profunda que se traduziu numa integração plena na União Europeia, com perda progressiva e voluntária de autonomia na utilização de instrumentos fundamentais da política económica interna, por troca da participação na gestão de um espaço europeu, monetariamente unificado e cada vez mais alargado.

No plano interno, verificou-se uma evolução no sentido, da retração do peso económico do Estado, do abandono de mecanismos diretos de gestão e de controle económico e da redução do prote-

138 | Portugal, a Europa e a Crise Económica e Financeira Internacional

cionismo interno. Ao mesmo tempo verificou-se um percurso, em direção à adoção generalizada de regras de mercado, à utilização de mecanismos indiretos de controle e regulação económica e de exposição às leis da competitividade global.

Este processo de evolução da economia portuguesa, teve na política monetária a sua expressão concentrada. Na preparação das condições para a adesão às Comunidades, a política monetária desempenhou um papel crucial no reequilíbrio interno e externo, afirmando-se como uma componente essencial da política macro-económica e um instrumento relativamente eficaz na prossecução dos seus objetivos. Nessa fase, a política monetária tinha características multiobjectivos e socorria-se de instrumentos diversificados, que incluíam a componente cambial.

À medida que se aprofunda o processo de integração de Portugal na União Europeia, a política monetária vê restringido o seu espaço próprio de atuação, em direção ao objetivo, quase exclusivo, de controle da inflação, ao mesmo tempo que vê convergirem os diferentes instrumentos de intervenção no instrumento privilegiado taxa de juro. Este processo é acompanhado pela redução progressiva da autonomia da gestão da política monetária, até à sua eliminação completa, como instrumento de base nacional, com a criação do euro.

Olhando retrospectivamente para todo o processo e considerando as sucessivas *performances* da economia portuguesa, não parece evidente que a troca da autonomia pela participação num espaço monetário integrado, se tenha traduzido num aumento da eficácia dos mecanismos de ajustamento, interno e externo. Ao invés, verificou-se uma crescente dificuldade em fazer convergir os objetivos traçados da política económica, com resultados económicos concretos. Como procuramos evidenciar, os bons períodos de desempenho da economia portuguesa ficam a dever-se, mais a conjunturas económicas externas favoráveis, do que a uma efetiva capacidade de resposta interna, alicerçada em mudanças verdadeiramente estruturais. A persistência dos desequilíbrios, externo e interno, ao longo dos últimos trinta anos, não obstante os períodos de mais forte crescimento, coincidentes, *grosso modo*, com as segundas metades dos anos 80 e 90 – desequilíbrios estes que se acentuam de forma dramática desde a criação do euro –, está aí para o demonstrar, evidenciando, simultaneamente, uma subestimação dos custos e uma sobrestimação dos benefícios decorrentes da participação na moeda única e, acima de tudo, uma deficiente avaliação da sua distribuição no espaço económico e no tempo histórico da realidade portuguesa.

É extremamente significativo, a este respeito, o facto de se verificar, ao longo de todo o período considerado nesta análise, uma tendência claramente declinante da dinâmica do produto, superior à própria tendência, também ela declinante, verificada na área do euro. Esta perda, absoluta e relativa, de dinamismo da economia portuguesa, reforça-se a partir do final dos anos 90, evidenciando-se não apenas através de taxas substancialmente inferiores às da média europeia como, também, através de uma progressiva dificuldade em recuperar nas situações de crise, particularmente evidente na crise de 2003. Com a introdução do euro tudo se agrava. A perda progressiva de dinamismo da economia portuguesa transforma-se em tendência estagnante (ver gráficos 1, 2 e 3).

Portugal abdicou de instrumentos fundamentais de intervenção e regulação económica. Mas não viu esses instrumentos substituídos por outros, de nível superior, que permitissem efetuar os ajustamentos específicos no novo contexto de integração criando-se, desta forma, uma dificuldade adicional. Contraditoriamente, com o alívio (que se revelou ilusório) da restrição da balança de pagamentos, alargou-se o espaço e, sobretudo, o tempo para a acumulação dos desequilíbrios estruturais, potenciando os efeitos da sua explosão, como veio a suceder com a crise atual. Portugal foi um dos países que mais sofreu com a conjugação dos efeitos da ineficiência do mecanismo de ajustamento externo do euro, com os efeitos do relaxamento da restrição cambial, conjugação de efeitos que, como vimos no ponto três, está na origem da própria crise das dívidas soberanas.

Paralelamente, a subordinação da política monetária da zona euro ao objetivo, quase exclusivo, da estabilidade de preços, para além de contestável no plano teórico, não demonstrou, até agora, ser um fator decisivo do crescimento económico. E não é de excluir a hipótese de que tenha atuado exatamente ao contrário, quando se olha para redução global das taxas de crescimento da zona euro, no período que coincide com o funcionamento do euro. Na realidade, esta conceção transformou a política monetária num espartilho, que limitou a flexibilidade dos ajustamentos às assimetrias regionais e sectoriais e impediu a definição de reais objetivos de relançamento económico da zona euro no seu conjunto e acabou por pesar na própria capacidade e agilidade de resposta à crise internacional. Enquanto elo fraco da zona monetária, Portugal sofreu, com particular violência, todas as consequências da ineficiência dos mecanismos de ajustamento da zona euro que se tornaram progressivamente mais fortes, à medida que diminuía a própria capacidade de resposta autónoma da economia portuguesa.

4.2. A crise conjuntural da economia portuguesa

A segunda dimensão da crise portuguesa tem a ver com as repercussões diretas da eclosão da crise internacional. Como seria de esperar, as debilidades estruturais, que já se vinham manifestando, de forma acentuada, desde a introdução do euro, emergiram de forma explosiva.

Ainda assim, são de salientar os bons resultados das finanças públicas em 2008, com o processo de consolidação orçamental, o que garantiu em junho desse ano, um ano antes do previsto, o encerramento do procedimento de défice excessivo que havido sido colocado a Portugal pelo Conselho Europeu, em junho de 2005. Para 2008, o défice foi revisto em baixa para 2,2%, o valor mais baixo dos últimos 30 anos. Em 2007 o produto tem, também, a maior taxa de crescimento desde 2000, com 2,4% e o investimento regista igualmente a melhor *performance* desde 2000, com uma taxa de crescimento de 2,6%, invertendo a tendência negativa que se afirmava desde esse ano. Já no que respeita ao desemprego a dinâmica de crescimento mantem-se. É de assinalar, ainda, a resistência da economia portuguesa durante o pior ano, 2009, com a queda do produto de 2,5% face a uma quebra de 4,1% da zona euro. Já em 2010, no entanto, a retoma foi inferior à dos parceiros europeus (1,4% face 1,7%), retomando-se a tendência que vinha de trás (ver gráficos 2, 5, 12, 13 e 14).

Dois fatores pesaram negativamente no desenvolvimento de todo o processo de crise. O primeiro, foi o disparo do défice público, em 2009, para além de tudo aquilo que se estava à espera. O segundo, foi a dimensão negativa atingida pela posição de investimento internacional. Estes dois fatores conjugados, pressionaram as necessidades de financiamento, num contexto de retração do crédito internacional e de forte desalavancagem do sistema financeiro internacional, fazendo disparar as *yelds* dos títulos de dívida pública e alimentando a especulação dos mercados financeiros internacionais.

Em todo o caso, no desenvolvimento do processo de crise em Portugal, não se pode subestimar a importância dos fatores externos.

Em primeiro lugar, a viragem na posição dos responsáveis europeus, particularmente do BCE. De uma postura inicial de combate à crise, de defesa da utilização de mecanismos de sustentação da atividade económica de tipo keynesiano, incluindo a própria nacionalização das instituições financeiras afetadas e que, de facto, impediram que a crise tivesse tido desenvolvimentos mais dramáticos, passaram, rapidamente, a uma postura oposta, de exigência de eliminação dos estímulos económicos e de aplicação de políticas restritivas, quando ainda não era seguro que a crise estava controlada. Esta mudança de atitude, foi defendida, no pressuposto de uma recuperação da economia internacional mais rápida do que inicialmente prevista e nos perigos resultantes de aceleração da inflação, no conjunto da zona euro. Mas teve como consequência prática a potenciação das assimetrias no seio da zona, evidenciando as fragilidades das economias periféricas, como a Grécia, a Irlanda e Portugal, isolando-as no contexto da crise internacional, tornando-as mais vulneráveis e alvos privilegiados dos ataques especulativos.

Em segundo lugar, os efeitos dos resgates da Grécia (maio de 2010) e Irlanda (novembro de 2010). Apesar das diferenças existentes entre as três economias, o efeito de contágio sobre Portugal era inevitável e integra-se numa lógica de dominó, que começa na mais frágil mas não se sabe onde termina. As mais recentes ameaças em relação à Espanha, à Itália e, até à França, não obstante as correções introduzidas, na sequência da agudização da crise das dívidas, é a demonstração cabal de que se está em presença de um processo que ameaça a zona euro no seu conjunto e não apenas as economias mais vulneráveis, como até agora. Verificou-se aqui, no plano europeu, uma clara subestimação da importância dos movimentos especulativos e das condições objetivas do seu desenvolvimento.

Em terceiro lugar, a débil recuperação da economia europeia e americana e os riscos que pesam de uma nova recessão internacional. Tudo isto agravado pela resposta casuística e sempre tardia aos problemas, bem como pela ausência de um claro consenso sobre o conjunto de medidas estruturais a adotar e os respetivos *timings* de concretização. Não deixa de ser sintomática, a este respeito, a dificuldade em lidar com a introdução de novos mecanismos de regulação internacional do sistema financeiro, de redução do risco de novas crises do tipo *subprime* ou de limitação do papel dos *offshores*.

Em quarto lugar, a indefinição estratégica que paira sobre todo o projeto europeu de integração e que traduz a agudização da crise estrutural que afeta toda a zona e que foi objeto de análise no ponto três deste trabalho. Não se sabe verdadeiramente se a aposta é para manter o euro, como moeda única de um espaço económico alargado, se é para recuperar a ideia da europa a várias velocidades, se, simplesmente, para expulsar os mais fracos. Uma indefinição estratégica que atinge particularmente as autoridades alemãs, que se mostram incapazes de conciliar a sua nova condição de país unificado e inteiramente soberano, do centro de uma nova Europa, também ela unificada, com um projeto de integração europeia, de

Parte II – Conferência "Portugal, Europa e a Crise Económica ..." | 143

entreajuda económica e de partilha de responsabilidades que, na sua origem também tinha o objetivo de contenção da própria hegemonia alemã.

A consideração da importância dos fatores externos não significa, no entanto, que se possam subestimar as dificuldades, especificamente internas, em lidar com a evolução da situação, que se manifestaram a vários níveis e contribuíram para o desfecho em forma de resgate financeiro, conduzindo à situação atual de tutela do país pelas instituições internacionais.

A primeira dificuldade teve a ver com a dimensão do défice orçamental de 2009. Contrariando todas as sucessivas previsões, fixa-se em 9,3%, um valor mais de quatro vezes superior ao programado, que era de 2,2%. Esta derrapagem tornou-se um dos detonadores do processo de subida exponencial das taxas de juro nos mercados de dívida, juntamente com as sucessivas revisões em baixa dos *ratings* da República, dos bancos e das empresas, que se afirmou a partir daí.

A segunda dificuldade teve a ver com a contenção na resposta a esta derrapagem e que se traduziu, em particular, na timidez da elaboração do orçamento para 2010, com objetivos e medidas pouco ambiciosos e já desajustados relativamente ao clima político e económico que se vivia a nível europeu e internacional. É esta timidez inicial que leva aos sucessivos ajustamentos dos Programas de Estabilidade e Crescimento, que contribuíram para acentuar a perda de credibilidade dos objetivos económicos e orçamentais fixados e das medidas delineadas e alimentar as especulações sobre um eventual resgate.

A terceira dificuldade liga-se com a segunda embora seja de âmbito mais vasto. Teve a ver com a perda de coerência do projeto interno de combate à crise que, na origem, continha uma articulação entre medidas de natureza conjuntural e medidas de natureza estrutural e combinava medidas de ajustamento económico e financeiro com medidas de estímulo à atividade económica. Se no chamado PEC I ainda era visível alguma coerência de natureza estratégica, a partir daí esta dilui-se, para dar lugar, em exclusivo, à preocupação com o défice e o endividamento, numa perspetiva de emergência e de corrida atrás da confiança dos mercados que, pela dinâmica da sua própria formação e evolução, já era impossível de alcançar.

A quarta dificuldade é de natureza iminentemente política e tem a ver com a situação particular de existência de um governo minoritário, num contexto em que seria decisivo dispor de um largo consenso nacional em torno das medidas a adotar. A situação exigiria, provavelmente, o alargamento da base de apoio político em torno das ações de caráter interno e externo que importava empreender. Todavia, a luta política pela disputa do poder sobrepôs-se à responsabilidade, por parte de toda a oposição, sem exceção, atingindo a sua expressão máxima com a rejeição do chamado PEC IV e com todo o ambiente político que a preparou, reforçando no exterior a imagem de incapacidade interna para lidar com os problemas e empurrando deliberadamente o país para o resgate financeiro e para a situação de tutela económica que se seguiu.

Uma quinta dificuldade pode ser acrescentada, mas pertence à categoria das que ganham maior sentido *a posteriori*. Em toda a gestão do processo de resposta à crise interna, terá havido uma sobrestimação da capacidade e do empenho das autoridades europeias e, em particular, daquelas com responsabilidade direta na gestão do euro, em construírem uma plataforma integrada de combate à crise internacional e de considerarem as expressões nacionais desta crise como elementos de uma crise europeia. Esta sobrestimação verificou-se, em particular, em relação ao empenho europeu no apoio à economia portuguesa.

À sobrestimação do papel das autoridades europeias deve adicionar-se a subestimação das reações internas aos mais diferentes níveis, incluindo institucionais, que se esforçaram por apresentar a crise portuguesa como um resultado primordial de políticas internas, desvalorizando os impactos da crise europeia e internacional e sobrevalorizando todos os resultados negativos das fragilidades nacionais.

O resultado de tudo isto foi que Portugal se apresentou no contexto internacional como um elo fraco do sistema euro, sem autonomia estratégica, não lhe restando outra alternativa, face ao agravamento das condições de financiamento internacional e à resistência, até então, do BCE em se assumir plenamente como financiador de último recurso, senão recorrer à ajuda internacional, fechando-se um ciclo histórico de ilusões económicas, iniciado com o sucesso da intervenção do FMI nos anos 80.

5. Notas finais

Neste trabalho procuramos discutir as múltiplas dimensões da crise económica e financeira internacional, em particular as articulações entre a crise global e a crise especificamente europeia.

A crise europeia é, numa primeira fase, desencadeada e condicionada pelo desenvolvimento da crise global, que tem o seu epicentro na economia americana, mas cuja natureza mais profunda reside no esgotamento do modelo de globalização económica e financeira impulsionado pelos chamados défices gémeos e pelas politicas de desregulação e desregulamentação financeira internacional, impulsionadas sob a égide do FED e prosseguidas pelas próprias instituições internacionais, como o FMI.

Numa segunda fase, porém, a crise europeia ganha uma dinâmica própria, resultante do aprofundamento do seu processo de crise estrutural especifico, que se manifestou com particular força na incapacidade de dar uma resposta coerente e de conjunto às manifestações da crise conjuntural no plano interno, permitindo que ela evoluísse para uma crise das dívidas soberanas que ameaça pôr em causa a própria configuração do espaço de integração.

A continuação e o eventual aprofundamento da crise europeia ameaça, contudo, gerar efeitos de "feedback" sobre a economia mundial, pondo em causa a frágil recuperação que se afirmou ao longo de 2010 e 2011. Os últimos dados conhecidos sobre a evolução da economia europeia reforçam, precisamente, esta perspetiva, evidenciando o aumento dos riscos de a crise das dívidas soberanas se transformar no detonador de uma recaída da economia global, desta vez com epicentro na zona euro.

146 | Portugal, a Europa e a Crise Económica e Financeira Internacional

O futuro da zona euro é, por sua vez, carregado de incertezas, não sendo de excluir uma redução do espaço de integração monetária ou mesmo a sua desagregação. A este respeito, o conjunto de medidas já tomadas e aquelas que se perspetivam, em matéria de reforço dos mecanismos de prevenção e de resposta às dificuldades existentes, não é isento de contradições, podendo gerar efeitos contrários aqueles que pretende corrigir. Neste âmbito, a política monetária seguida pelo BCE, de fornecimento ilimitado de liquidez, parece ajustada às necessidades mais imediatas de contenção da crise das dívidas soberanas e de recuperação da atividade económica, embora possa ficar comprometida se os outros mecanismos não desempenharem eficazmente o seu papel. As preocupações maiores devem ser colocadas em relação ao novo Tratado sobre a estabilidade na UEM que ameaça transformar-se em novo fator de acentuação de assimetrias no seio da zona monetária e, consequentemente, de aprofundamento das dinâmicas de recessão.

Neste trabalho procuramos evidenciar, também, a dupla natureza da crise económica e financeira que Portugal atravessa no presente momento. Uma crise que constitui a expressão local da crise mais vasta, internacional e europeia. Mas uma crise que resulta, também, de desequilíbrios e vulnerabilidades estruturais que se produziram e acumularam ao longo das três últimas décadas, em resultado da crescente dificuldade de ajustamento da economia portuguesa, face à evolução do processo de integração europeia e da própria globalização.

Tendo dimensão conjuntural e estrutural, por um lado, e dimensão nacional, europeia e internacional, por outro, a crise portuguesa só poderá ter uma resposta eficaz no quadro destas múltiplas dimensões. Isto não significa, obviamente, uma desvalorização ou demissão das responsabilidades próprias, mas a consciência dos fatores exógenos que estão por detrás da crise e que condicionam e limitam a margem de manobra da resposta da componente nacional.

Estando, em particular, integrado na zona euro e não dispondo, por essa razão, de instrumentos fundamentais de política económica, será natural que se espere dos responsáveis europeus, a iniciativa e a responsabilidade de encontrarem uma resposta comum para problemas que transcendem a capacidade de intervenção dos responsáveis nacionais. A política de descriminação que está a ser seguida, com a separação entre bons do norte e maus do sul, é completamente contraproducente e, para além de ser estéril, do ponto de vista da produção de resultados positivos, corre sérios riscos de acentuar as tendências centrífugas que se desenvolvem no seio da União Europeia, podendo conduzir à implosão do euro, com consequências ainda mais dramáticas (e custosas, economicamente falando) para todos os países, incluindo a Alemanha.

Por outro lado, é importante que se tome consciência que a resposta às múltiplas dimensões da crise internacional não se reduz à correção dos défices e do endividamento que, em parte substancial, impediram a bancarrota do sistema financeiro e a derrapagem para uma situação de catástrofe económica global. A retoma sustentada do crescimento económico, sobretudo no âmbito das economias mais afetadas, como a Europa e os Estados Unidos, é fundamental para que as próprias medidas de ajustamento em curso possam produzir os resultados esperados. Neste sentido é imperioso que as políticas deixem de estar focadas exclusivamente na correção dos défices e se preocupem com os incentivos ao crescimento. A este respeito é interessante ver como as discussões ganham contornos diferentes, consoante se esteja do lado de cá do Atlântico ou do lado de lá, com os Americanos a darem mais atenção ao problema do crescimento, preocupados com os efeitos recessivos que as políticas exclusivamente centradas no défice poderão provocar. Veja-se, por exemplo, o recente trabalho de Bradford de Long e Summers (2012), onde é defendida a necessidade de políticas fiscais expansionistas, no contexto atual de economias em depressão e face à inoperacionalidade da política monetária, como forma, inclusive, de resolver o problema do défice a prazo.

É nesta perspetiva que deve ser equacionada, também, a atitude portuguesa. É fundamental que se articule uma política interna de ajustamento conjuntural e estrutural, com iniciativa europeia e internacional de apoio e incentivo ao crescimento económico e à promoção do emprego. Não se trata aqui de adotar uma postura de assistencialismo internacional, mas de defender a única atitude que permitirá dar a resposta necessária às dificuldades atuais. É importante ter consciência que Portugal, só por si, com os condicionalismos a que está sujeito e dadas as perspetivas de evolução da economia internacional, muito dificilmente cumprirá os objetivos a que se propôs e corre sérios riscos de entrar numa espiral depressiva sem horizonte de saída.

Em qualquer caso, é preciso fazer o trabalho de casa e este passa, no plano interno, por políticas que se orientem para o reforço da autonomia estratégica da economia portuguesa e, no plano externo, por políticas que se orientem para a redução da condição periférica do país no contexto europeu e para a valorização da sua posição no espaço da economia global. O desafio maior que a economia portuguesa tem pela frente é a retoma do crescimento económico, assente em fatores sólidos e com autonomia estratégica, o que só será conseguido se a endogeneidade do dinamismo económico for substancialmente reforçada e se o país conseguir reduzir distâncias e ganhar escala no contexto internacional.

Bibliografia

Banco Central Europeu (2005), *A execução da política monetária na área do euro*.

------------ (2004), A política monetária do BCE.

------------ (1999-2010), *Relatórios Anuais*, vários anos.

Banco de Portugal (--), *Boletins Económicos*, vários números.

Banco de Portugal (1982-2010), *Relatórios Anuais*, vários anos.

Bordo, M. (2004), "The United States as a Monetary Union and the Euro: a Historical Perspetive", *Cato Journal*, Vol. 24, Nºs 1-2, pp. 163-170.

Bordo, M. et allii (2011), "A Fiscal Union for the Euro: Some Lessons from History", *NBER Working Paper Series*, nº 17380, Cambridge.

Bradford De Long, J. e Summers, L. (2012), "Fiscal Policy in a depressed Economy", *NBER*, Draft.

Constâncio, V. (2011), "Challenges to monetary Policy in 2012", *26th International Conference on Interest Rates*, Frankfurt am Main, 8 December.

De Grauwe, P. (1989), *International Money. Post-War Trends and Theories*, Oxford: Clarendon Press.

Friedman, M. (1968), "The Role of Monetary Policy", American Economic Review, May.

Meade, J. (1951), *Theory of international Economic policy: the Balance of Payments*, Oxford: Oxford University Press.

Mendonça, A. (2011), "Portugal face à crise da economia global", *4º Congresso Nacional dos Economistas*, Ordem dos Economistas, Lisboa, 19-21 de outubro de 2011.

------------ (2008), "A natureza da crise económica atual", in Piriquito, H. (edit.), *Crise 2008*, Lisboa: bnomics, pp. 34-38.

------------ (2006), "A União Europeia face ao processo de globalização: alargamento continental versus abertura atlântica", *in* Romão e outros (org.), *Ensaios de homenagem a António Simões Lopes*, Lisboa: ISEG/UTL.

150 | Portugal, a Europa e a Crise Económica e Financeira Internacional

------------ (2004), "A integração monetária na Europa: da União Europeia de Pagamentos ao euro", *in* Romão, A. (org.), *Economia Europeia*, Lisboa: Celta Editora, pp. 95-130.

------------ (2006), "A União Europeia face ao processo de globalização: alargamento continental versus abertura atlântica", *in* Romão e outros (org.), *Ensaios de homenagem a António Simões Lopes*, Lisboa: ISEG/UTL.

------------ (2004), "A integração monetária na Europa: da União Europeia de Pagamentos ao euro", *in* Romão, A. (org.), *Economia Europeia*, Lisboa: Celta Editora, pp. 95-130.

Mendonça, A. e Farto, M. (2006), "A política monetária nos últimos 20 anos", *in* Romão, A. (org.), *A economia portuguesa 20 anos após a adesão*, Lisboa: Almedina, pp. 387-435.

------------ (1999), "A crise asiática: algumas hipóteses de interpretação", *Issues on European Economics, Proceedings, 2nd International Workshop on European Economy*, Lisboa: ISEG – CEDIN, pp. 203-232.

Mendonça, A. e Passos, J. (2011), "Custos unitários de trabalho e dinamismo económico", *4º Congresso Nacional dos Economistas*, Ordem dos Economistas, Lisboa, 19-21 de outubro de 2011.

Ministério das Finanças (2011a), Memorando de Entendimento sobre as Condicionalidades de Política Económica, (CE, BCE, FMI), maio.

------------ (2011b), Memorando de Entendimento Técnico, (CE, BCE, FMI), maio.

------------ (2011c), Sistematização das medidas do Programa de Apoio Económico e Financeiro a Portugal até ao final de 2011, (CE, BCE, FMI), maio.

------------ (2011d), Memorando of Understanding on Specific Economic Policy Conditionality, First update – 1 September.

------------ (2011e), Attachment I: Portugal-Memorandum of Economic and Financial Policies , September 1.

------------ (2011f), Attachment II: Portugal-Technical Memorandum of Understanding, September 1.

Swan, T. (1963), "Long Run Problems of the Balance of Payments", in Arndt, H.W. e Corden, M. (eds.), *The Australian Economy: A Volume of Readings*, Melbourn: Cheshire.

Williamson, J. (1989), "What Washington Means by Policy Reform", in *Latin American Adjustment: How Much Has Happened?*, Williamson, J. (Ed.), Washington: Institute for International Economics.

ANEXOS

Gráfico 1: PIB real. Taxas de crescimento anual

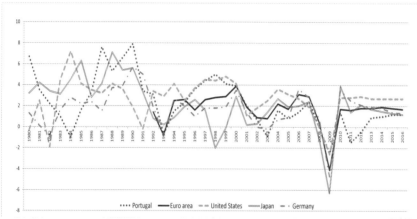

Fonte: FMI

Gráfico 2: PIB real. Taxas de crescimento anual
Portugal e Euro Área

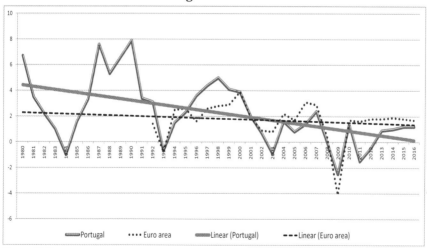

Fonte: FMI

Gráfico 3: PIB real. Taxas de crescimento anual
Alemanha

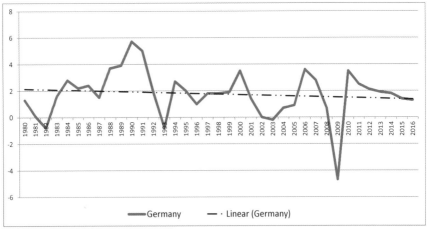

Fonte: FMI

Gráfico 4: Balança Corrente de Portugal
% do PIB

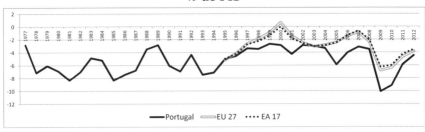

Fonte: AMECO

Gráfico 5: Défice público
% do PIB

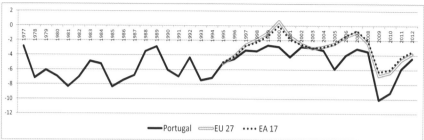

Fonte: AMECO

Gráfico 6: Dívida Pública
% do PIB

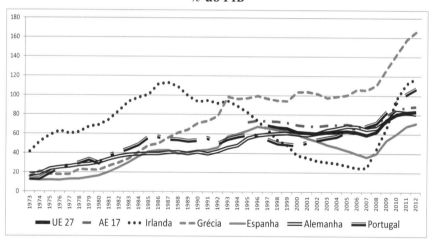

Fonte: AMECO

Gráfico 7: Dívida Pública
% do PIB
Portugal, UE 27, AE 17

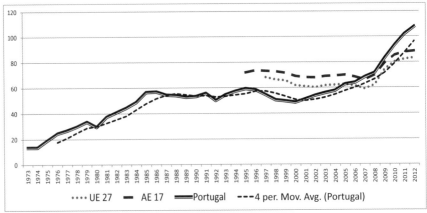

Fonte: AMECO

Gráfico 8: Taxas de inflação anuais
IPC

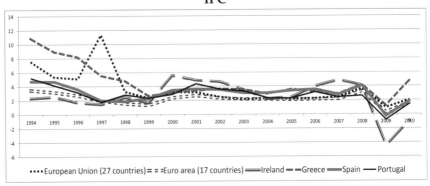

Fonte: AMECO

Gráfico 9: Taxas de inflação anuais
IHPC

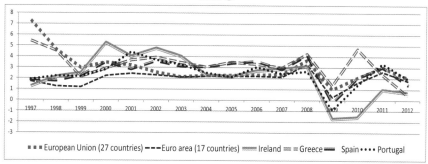

Fonte: AMECO

Gráfico 10: Portugal: taxas de inflação anuais
IPC

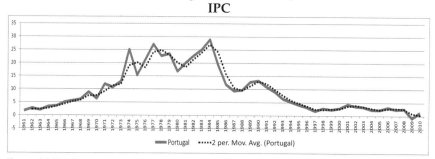

Fonte: AMECO

Gráfico 11: Inflação
Bens transacionáveis versus bens não transacionáveis

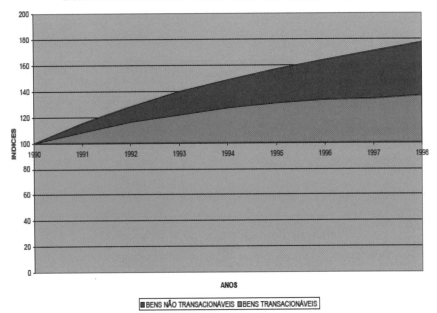

Fonte: Banco de Portugal

Gráfico 12: Taxas de desemprego

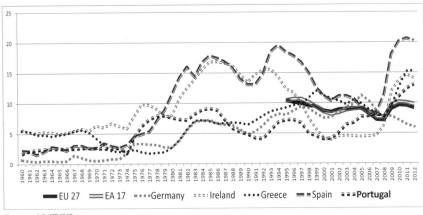

Fonte: AMECO

Gráfico 13: Formação Bruta de Capital Fixo Real
% de variação anual

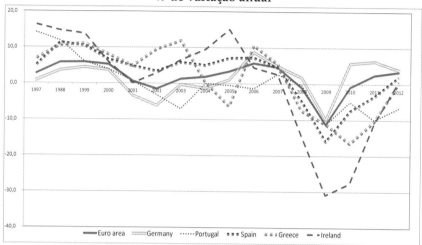

Fonte: OCDE

Gráfico 14: Formação Bruta de Capital Fixo Real
% de variação anual
Portugal e Euro Área

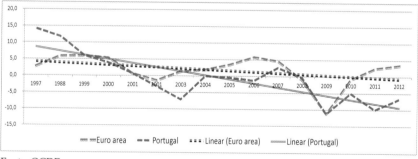

Fonte: OCDE

Gráfico 15: Componentes do PIB
Peso no PIBpm

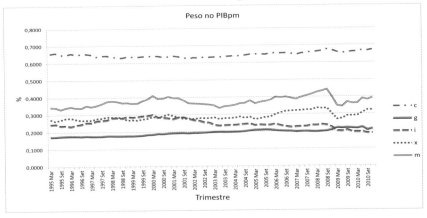

Crise em Portugal e na Europa:
O Momento para Repensar os Caminhos
da Teoria e da Política Económicas

*Joaquim Ramos Silva**

É oportuno colocar o tema central desta sessão sob o signo da evolução das ideias económicas desde os anos 1970. Isto, não só porque se trata da matéria principal na base da qual, como economistas e docentes, trabalhámos ao longo de todo este tempo, mas também porque, de repente, parecemos incapazes de lidar com a crise que nos assalta recorrendo aos conhecimentos adquiridos e transmitidos. Com efeito, o tratamento analítico sério das crises, numa perspetiva de ciclo económico e dos seus mecanismos mais profundos (crédito, por exemplo), foi na prática abandonado em nome da ideia ingénua, mas que facilmente se entranhou, segundo a qual dispomos de capacidade para gerir bem e com desafogo as diversas perturbações conjunturais desde que se siga um certo receituário. Sem dúvida, nas primeiras décadas deste período, as crises não faltaram, mas foram consideradas de pouca monta e aparentemente resolvidas sem grandes traumas, ainda que de diferentes maneiras. Um bom exemplo da situação criada em termos de política económica é o da chamada *"Great Moderation"*, expres-

---

* Professor Associado
Departamento de Economia, ISEG/UTL
Centro de Investigação SOCIUS, FCT.

são utilizada, embora não originalmente, por Ben Bernanke em 2004, a partir de um estudo com dados desde 1990, procurando traduzir a ideia de uma diminuição da volatilidade do crescimento económico e da inflação.[1] Porém, a partir de 2007, a realidade encarregou-se de desmentir categoricamente estas pretensões infundadas e mesmo aqueles que se apressaram a considerar a crise ultrapassada em finais de 2009 têm hoje muita matéria para refletir. De facto, as incapacidades atuais tornaram-se possíveis na sequência de uma evolução que foi paulatinamente manietando o nosso pensamento, em particular reduzindo a sua amplitude analítica e pertinência. Convirá agora refrescá-lo em áreas fundamentais tendo em vista uma abordagem séria da crise em Portugal e na Europa e as hipóteses da sua superação. Com este objetivo em mente, vamos ter de abandonar a nossa cómoda "torre de marfim" habitual e fazer uma análise tanto quanto possível próxima da realidade, mais do que talvez individualmente gostaríamos. As responsabilidades que sentimos perante a difícil e complexa situação do país, e as escolhas delicadas que tem de fazer com vista ao futuro, exigem no entanto uma definição clara, que não leve em conta as popularidades do momento.

A necessidade de abordagem plural e do confronto direto de ideias

Uma das tendências com efeitos mais nefastos foi a tentativa de imposição de uma visão única para a teoria económica, fazendo também daí decorrer determinados preceitos a serem utilizados ou não. Nos anos 1970, tratava-se sobretudo da chamada "síntese keynesiana-neoclássica", expressão entretanto justamente esquecida. A esta, outras tentativas semelhantes se seguiram, e a ciência económica deixava assim de ser uma área de confronto, aberta ao pluralismo de ideias e à diversidade das fontes de inspiração, que

---

[1] Para outros detalhes, ver Dowd e Hutchinson, 2010: 262-3.

Parte II – Conferência "Portugal, Europa e a Crise Económica ..." | 161

sempre caraterizou as suas fases mais criativas. Perdia-se, por outro lado, a perspetiva da "tolerância metodológica" cara a Schumpeter (Perroux,1993: 262), segundo a qual nada ou muito pouco está definitivamente assente em economia devendo as diferentes ideias, mesmo quando algumas vezes parecem firmes como uma rocha, ser submetidas ao crivo da crítica e das divergências. Mais, chega a verificar-se até o ressurgimento de ideias, antes abandonadas, tal como se da sucessão de ciclos de vida se tratasse; assim, no início da sua *História da Análise Económica*, publicada postumamente em 1954, Schumpeter lembrava que:

> Ainda que seja possível falar para cada época de uma opinião profissional estabelecida acerca das questões científicas (em economia), e que esta opinião tenha frequentemente passado a prova de profundas divergências políticas, não podemos falar sobre o assunto com tanta certeza como fazem os físicos e os matemáticos ...; muito mais que em física, por exemplo, não seríamos capazes de compreender plenamente os problemas, os métodos e os resultados da economia moderna sem algum conhecimento dos caminhos que conduziram os economistas a raciocinar do modo como o fazem. Além disso, muito mais do que na física, resultados perderam-se pelo caminho ou permaneceram inaplicados durante séculos. Encontraremos exemplos que raiam o inconcebível. O economista que estuda a história da sua ciência tem muito mais possibilidades de encontrar aí proposições estimulantes e lições úteis, mas desconcertantes, do que o físico geralmente seguro de que nenhuma contribuição notável dos seus predecessores foi perdida. (1983, I: 29-30)

Mais adiante, escrevia ainda: "As fronteiras das diversas ciências deslocam-se incessantemente, pelo menos a maior parte delas, pelo que não tem qualquer interesse defini-las *pelo seu objeto ou pelo seu método*. Isto aplica-se particularmente à economia que não é uma ciência no mesmo sentido que a acústica, mas é mais um combinado de campos de investigação mal coordenados e que se cruzam uns com os outros, como a medicina." (1983, I: 34; itálicos de Schumpeter)

Apesar da força destes ensinamentos extraídos da análise da história da ciência económica, a cómoda tendência para impor novas modas sem consistência com o mundo real e alheias à experiência passada prevaleceu como ilustraremos em seguida para o caso da denominada "finança moderna". Seja como for, face ao impasse atual, devemos retomar uma tradição de abertura e debate de ideias realmente esclarecedor, tanto mais que, economistas de diversas correntes, incluindo o próprio Keynes (1936), chamaram a atenção para o facto de serem as ideias que, "certas ou erradas", movem o mundo. Que a superação da atual crise seja também o enterro das ideias e metodologias que aspiram ao monopólio e ao controle das linhas de pensamento, muitas vezes conseguindo escapar a toda a racionalidade e utilizando processos de poder alheios à verdadeira lógica científica, limitando bastante o nosso espaço de entendimento do mundo e, por conseguinte, a forma de agir sobre ele.

O exemplo da "finança moderna" e a eclosão da crise

Uma das tendências que contribuiu decisivamente para o desencadeamento da crise atual foi a disseminação da chamada finança moderna e a sua conquista de posições privilegiadas dentro do sistema, em detrimento de outros sectores, em particular ligados à economia real. Com efeito, no pós-guerra e de forma progressiva, o sector financeiro, frequentemente na base de pretensas inovações, cresceu de forma desmesurada, representando um rutura clara com o que tinha sido o passado do capitalismo, onde era uma área, sem dúvida importante e necessária, mas com objetivos precisos e bem delimitados de intermediação. O mundo académico não escapou a este processo, antes pelo contrário, como veremos, foi um agente especialmente ativo na sua implantação.

Como é óbvio, não vamos aqui descrever a evolução da finança moderna em detalhe, mas a obra de K. Dowd e M. Hutchinson (2010), *Alchemists of Loss*, em especial no capítulo 4, mostra alguns dos aspetos centrais que importa considerar, nomeadamente as sucessivas "teorias" em que assentou a enorme expansão do sistema financeiro que esteve na base da crise. Segundo estes autores, adotando toda uma série de hipóteses simplificadoras, nomeadamente decorrentes do Teorema de Modigliani-Miller e da Teoria Moderna do Portefólio (TMP), os promotores da finança moderna podiam respetivamente concluir que o equilíbrio entre dívida e capital da empresa era irrelevante para o valor da empresa (id., p. 66) bem como garantir um rendimento máximo com um risco mínimo, desde que se dispusesse de informação e se fizessem os cálculos apropriados (id, pp. 68-9). No início dos anos 1960, emerge uma versão ainda mais simplificada da TMP, chamada *Capital Asset Pricing Model*, que ficou conhecido pela sigla CAPM, que se pode traduzir livremente por Modelo de Preços para Ativos Financeiros. O CAPM admitia que no mercado se age conforme os pressupostos daquela teoria, isto é, todos dispõem de uma combinação entre uma hipotética "carteira comercial" de mercado e um ativo sem risco (Dowd e Hutchinson, 2010: 70), tendo, por outro lado, os cálculos intrínsecos ao modelo sido progressivamente facilitados pela aplicação de novas tecnologias ao tratamento da informação. Em consequência, "o rendimento esperado de qualquer ativo (e não apenas das ações!) tornava-se um dado através do recurso a uma simples equação" que dependia de variáveis que podiam ser conhecidas ou que eram estáveis (id.). Em vez dos resultados incertos e indeterminados com que alguns grandes autores das primeiras décadas do séc. XX tinham caraterizado a constante vida arriscada sob o capitalismo (por exemplo, Knight, 1921), os modelos que se impunham davam-nos agora certezas de ganhos, mesmo nos ambientes mais voláteis. Apesar das muitas críticas que foram surgindo a estes modelos e às teorias que lhe estavam subjacentes, o CAPM e, a partir de 1993, o seu sucedâneo, a Hipótese dos Mercados Eficientes,[2] dominaram a finança académica durante um

---

[2] "A Hipótese de Mercados Eficientes estava estreitamente relacionada com o CAPM. A sua essência era a pretensão que os preços de mercado eram 'eficientes' no sentido de que refletiam toda a informação disponível: os mercados eram

longo período e vários dos seus mentores foram galardoados com o Prémio Nobel da Economia: Harry Markowitz (1990), Robert F. Merton (1997), Merton Miller (1990), Franco Modigliani (1985), Myron T. Scholes (1997), William F. Sharpe (1990). Segundo Dowd e Hutchinson (2010):

> A chave do seu sucesso residiu na sua adoção sem reservas pelos economistas da área financeira da Escola de Chicago, em conjunto com a noção estreitamente relacionada da Hipótese dos Mercados Eficientes. Eles defenderam o CAPM com zelo religioso e muitas escolas de gestão estavam dentro em pouco ensinando-o como a nova ortodoxia estabelecida ... (p. 71).

Os referidos autores prosseguem com a análise dos modelos relacionados com os derivados financeiros, que emergiram a partir do início dos anos 1970, cujos detalhes não resumiremos aqui,[3] e concluem:

> A visão de um mercado financeiro completo ("market completeness") – isto é, que os mercados financeiros podem tornar-se perfeitos e absorver qualquer risco mensurável – *pode* parecer boa no papel, se se considera somente os benefícios da partilha de riscos e ignora muitos outros problemas envolvidos. Contudo, tal como todos os ideais utópicos, é de nos livrarmos dela. (Dowd e Hutchinson, 2010: 80; itálico do original)

O que importa sublinhar é que a pretensão de controlo dos resultados do processo financeiro e a crença em garantir ganhos certos através de modelos matemáticos redutores, conduziu o sis-

---

eficientes porque conseguiam os preços certos. Esta hipótese era a corporização perfeita do 'homem económico racional' que domina os manuais de economia: os mercados eficientes eram o homem económico racional na bolsa de valores." (Dowd e Hutchinson, 2010: 72)

[3] Perante a "orgia" de inovações financeiras deste período, convirá referir a maneira realista e frontal como Paul Volcker, um dos poucos banqueiros centrais que de facto contaram no século XX, encabeçando o FED entre 1979 e 1987, caraterizou a questão: *os ATM foram a principal invenção financeira das últimas décadas*, opinião ainda recentemente recordada por The Economist (2012).

Parte II – Conferência "Portugal, Europa e a Crise Económica ..." | 165

tema à beira do desastre através de um afastamento progressivo da realidade. A propósito, convém recordar as palavras de Albert Einstein que resumem exemplarmente este dilema: "as far as the laws of mathematics refer to reality, they are not certain; as far as they are certain, they do not refer to reality".

Outra perspetiva deste sector, que converge no essencial com o que acabámos de desenvolver, é nos oferecida por Daniel Kahneman (2012) na sua obra *Pensar, Depressa e Devagar* e foca a avaliação da chamada perícia financeira. Tendo sido convidado para falar perante um grupo de peritos, cujo papel era dar conselhos aos seus clientes no que respeita a aplicações financeiras, Kahneman teve acesso aos dados de desempenho de 25 peritos financeiros anónimos. Isto permitiu-lhe calcular os coeficientes de correlação sobre as suas classificações para pares de anos. Aguardando uma fraca evidência da continuação da perícia, ficou no entanto surpreendido ao verificar que a média das correlações era praticamente igual a zero (0,01) e comenta: "Os resultados pareciam-se com aquilo que se esperaria de uma competição de lançamento de dados, não de um jogo de perícia" (p. 284). Kahneman refere ainda que ninguém na empresa que o convidou parecia no entanto estar consciente da natureza do jogo em que participavam (seleção de ações e outras aplicações financeiras) e mais adiante, afirma estar convencido que a mensagem transmitida "tanto aos executivos como aos gestores de portefólios, foi instantaneamente arredada para um canto escuro da memória, onde não pudesse causar estragos" (id., pp. 287-8).

Paralelamente, as políticas monetárias expansionistas que precederam a crise agravaram sensivelmente os problemas criados pela finança moderna. O caso do FED é talvez o mais conhecido, embora longe de ser o único. Está mais divulgado o que se passou depois, mas na sua obra *Fault Lines*, Raghuran Rajan (2010: 3) mostra como, nos anos imediatamente anteriores à crise, era quase um sacrilégio criticar o mentor destas políticas nos EUA: Allan Greenspan. No que concretamente diz respeito à política monetária, deve-se ainda notar que os modelos nucleares utilizados pelos principais bancos centrais não tinham como objetivo detetar as fragilidades emergentes do sistema financeiro (Plessis, 2010). É óbvio que o somatório destas duas tendências profundas, desenvolvimento da finança moderna com todo o seu impacto e políticas monetárias quase sempre orientadas para a expansão monetária e creditícia, conduziu a uma situação muito crítica do balanço dos bancos e do sistema financeiro em geral, nomeadamente através da acumulação de ativos tóxicos (processo muitas vezes facilitado pela atuação imprudente das agências de rating como mostra o triplo A atribuído a Fannie Mae e Freddie Mac, fundos com garantia púbica, nas vésperas do seu colapso). Acresce que a enorme influência política dos meios financeiros "ajudava à festa", quer através do encorajamento de medidas que lhe eram ainda mais favoráveis na fase expansiva do ciclo, quer ulteriormente, com a crise já declarada, desviando uma grande parte dos custos sobre a população, em particular dos contribuintes. Este panorama verificou-se não só nos EUA, mas também na Europa e noutras regiões. Portugal não foi exceção e importa desde já salientar que, ao contrário do que pretenderam alguns panditas e como se tornou manifesto ao longo do primeiro ano após o pedido de resgate, a crise do sistema bancário nacional, habituado a viver em situações cómodas de baixo risco, não resulta apenas da sua "forçada" exposição à dívida soberana. De uma forma mais geral, quer os países que se endividaram fortemente no exterior (casos português e grego), quer os que aplicaram erradamente os seus excedentes de capital (Irlanda e Islândia), criaram os germes de uma crise económica e financeira profunda.

A concluir este ponto, deve-se sublinhar que a tremenda alavancagem financeira que se desenvolveu com o triunfo destas tendências vai ter agora que passar por uma cura radical de emagrecimento, um corolário indispensável à ultrapassagem da crise com todo o seu cortejo de falências, de baixas de preços nos sectores antes inflacionados, etc., resultantes em particular de um endividamento excessivo e de outras práticas malsãs. Um processo que pode ser longo e tortuoso, manifestando-se hoje aqui amanhã ali, como refere A. Gary Shilling (2012) na sua obra *The Age of Deleve-*

raging. Aliás, esta desalavancagem financeira não é um processo novo. Em países onde já tinha ocorrido, às vezes por razões históricas particulares (luta contra a hiperinflação, por exemplo), e foram aplicadas políticas monetárias prudentes, como foi o caso do Brasil – que beneficiou de uma profunda reestruturação bancária nos anos que se seguiram à implementação do Plano Real em 1994 –, os efeitos da crise internacional foram bem mais ténues (Silva e Guerra, 2011).

Algumas considerações sobre o enquadramento do Resgate português de 2011

A primeira década do séc. XXI evidenciou a dimensão do impasse histórico em que se encontra a economia portuguesa nas últimas décadas, o que é bem patente na sua quase estagnação (crescimento médio anual inferior a 1% em 2000-10). Aliás, numa tendência muitas vezes esquecida ou subestimada, este problema já se arrasta desde o limiar dos anos noventa, sobretudo se colocarmos no seu devido lugar o relativo crescimento de 1996-98 (em média anual, cerca de 4%), algo artificial no contexto da época e que não foi realizado nas condições mais saudáveis (fortemente impulsionado por gastos públicos e por baixas taxas de juro que não eram "nossas").[4] Com efeito, na viragem da década já era notório o nosso medíocre desempenho no âmbito comparativo dos então chamados "Países da Coesão", mesmo à luz da evolução dos anos noventa (Silva, 2000). A emergência da crise em 2007-08 não fez mais que abanar uma árvore cujas raízes estavam corroídas, há que começar por abertamente reconhecer: os problemas da economia portuguesa são profundos e estruturais e não apenas um mero abcesso conjuntural que se possa erradicar com facilidade.

---

[4] O rápido mas breve surto de crescimento do final da década de noventa, *tal como o dos anos 1986-1991*, foi um crescimento sem reformas estruturais e sem preparação para a competição internacional, não sendo em qualquer dos casos nem sustentado nem sólido.

Importa sublinhar que, para além dos desequilíbrios macro-económicos persistentes (em particular, défices corrente e público muito elevados; neste último caso reduzindo as margens de eficácia de eventuais políticas anti cíclicas), os males da economia portuguesa residem no essencial em causas como a baixa produtividade e a sua lentíssima progressão, e consequentemente, fraca capacidade de recuperação (*"catching up"*) e de afirmação competitiva internacional, muito aquém do desejável. Estas debilidades repercutem-se, por sua vez, nos desequilíbrios macroeconómicos. Com a entrada do escudo no SME em 1992 e a perspetiva de posterior adesão à União Monetária, impunha-se que fossem efetivamente reforçadas, para além da mera retórica, as políticas estruturais e de competitividade, ora, isso não só não foi feito, como se continuaram políticas erradas que já vinham de trás, tais como o forte incentivo à produção de bens e serviços não transacionáveis,[5] orientação privilegiada de facto na decisão política e financeira, e a defesa prática do tradicional modelo baseado em trabalho pouco ou não qualificado que não estimulava a inovação ou sequer, em escala razoável, os ganhos de produtividade, pelo menos numa ótica comparativa. Neste contexto, uma das fraquezas mais notórias foi a incapacidade de criar emprego altamente qualificado em número significativo e com real impacto no conjunto da economia e não apenas em sectores muito reduzidos e marginais, aspeto da maior importância como ficou bem demonstrado nos trabalhos de Erik Reinert (2007) sobre os países que fizeram uma recuperação com sucesso dos seus atrasos históricos. Mas, mais do que estas falhas, deve-se salientar que a mera adesão à União Europeia exigia uma evolução no sentido de uma melhoria sistémica (com políticas a condizer!), mais ainda se levarmos em conta os seus efeitos desejáveis em termos de salários e bem-estar social e que, a sua não

---

[5] É impressionante constatar que, dentro de um conjunto representativo de países da União Europeia, Portugal foi o único a *baixar* o rácio exportação de bens e serviços / PIB (em percentagem), entre 1990 e 2005 ou seja na era por excelência da chamada globalização caminhava-se ao contrário, e quando este rácio já não era elevado para uma economia com as suas dimensões (Silva, 2008: 15).

ocorrência, nos colocaria tarde ou cedo numa situação semelhante à que nos encontramos. Acrescente-se que o fraco crescimento referido acima até podia ser compreensível se tivéssemos avançado algo no programa necessário de reformas, na medida em que a realização simultânea dos dois objetivos não se consegue facilmente conciliar (Rajan, 2004), no entanto, sabemos bem que não foi isso que aconteceu, pois a economia portuguesa não foi renovada em profundidade.

Apesar de toda esta situação demonstrativa de enormes fraquezas estruturais, não tão palpáveis à primeira vista na lógica de curto prazo que prevaleceu no plano político, os vários governos preferiram não "enfrentar o touro" e agir como se tudo decorresse no melhor dos mundos, sendo os mecanismos europeus vistos como um mero escudo protetor adicional contra qualquer derrapagem resultante desta inércia. No entanto, a importância estratégica das questões estruturais era incontornável e uma análise mais atenta da situação pode facilmente demonstrá-lo. Coloquemos, por exemplo, o caso da dívida pública portuguesa em contexto mais vasto: a sua dimensão em 2007 não era certamente muito elevada para os padrões médios europeus, mas, se levarmos em consideração a fraqueza estrutural persistente da economia no seu conjunto, os riscos de incumprimento seriam sempre relativamente maiores (tal como passou a acontecer, numa perspetiva internacional, a partir de meados de 2010). É certo que nada disto é novo e muitos destes problemas já nos perseguem desde os anos 1970 ou até de bem antes, mas em 2010, com o deflagrar à luz do dia das crises grega e irlandesa, e quando se tornaram óbvias as insuficiências da medicina aplicada nos primeiros anos da crise, era certo que a economia portuguesa se encontrava muito vulnerável e ia passar por um fase extremamente crítica, com contornos muito diferentes do que se tinha passado nos anos setenta e oitenta. Face à continuidade destas tendências, como iríamos por exemplo pagar uma dívida pública e privada, interna e externa, já elevada e em permanente ascensão? A resposta não é difícil de obter, mas, tirando as consequências, poder-se-ia dizer que, na análise de uma economia da

Área do euro, o nível da dívida pública e mesmo outros critérios de convergência nominal, não devem ser vistos de uma maneira exclusivamente numérica, a trajetória e consistência das políticas também importam. O que se deve realmente assinalar aqui é que uma análise séria da situação económica portuguesa ao longo das últimas décadas, para implicações políticas, requer que se se separe de modo claro as duas dimensões, conjuntural e estrutural; contudo, o discurso dominante tende a confundir inteira e constantemente os dois planos.[6]

O mundo político é uma realidade muito objetiva com que temos de lidar em matéria de política económica, que tece os fios mais finos que nos envolvem, mesmo quando o queremos pôr à distância. Importa salientar aqui este facto para refletirmos sobre a situação portuguesa nos tempos que precederam o resgate da Primavera de 2011, em particular desde setembro de 2010. Refira-se que a predominância de grupos de interesse com os mais variados propósitos e manobras políticas fazem muitas vezes vingar soluções completamente à revelia de qualquer sentido ou racionalidade económica. Com efeito, apesar da sua gravidade, a crise portuguesa tinha bases diferentes da grega (entre outros aspetos gravosos, esta tinha por detrás um acumular de fraudes estatísticas de grande

---

[6] Talvez um dos melhores exemplos esteja relacionado com as já referidas questões do défice externo e da competitividade, normalmente associadas pelos *media* e os gurus no âmbito da teoria popular "que gastamos acima das nossas possibilidades". Convém, no entanto, verificar melhor os fundamentos de tudo isto. Como é salientado em nota interna recente do JP Morgan Chase Bank (13 de abril de 2012): "No começo da União Monetária Europeia em 1999, Portugal tinha um défice corrente de 7,7% do PIB que se alargou ao longo da primeira década até atingir um pico de 13,7% do PIB no Outono de 2008. *Esta deterioração deveu--se à competitividade e não aos desenvolvimentos da procura relativa.* De facto, entre o começo de 1999 e o Outono de 2008, a procura interna em Portugal cresceu significativamente menos do que na Área do euro: 13,5% em ganho cumulativo em Portugal comparado com 22,1% de ganho na região como um todo". Apesar da importância central da questão da competitividade, continua a não haver qualquer estratégia minimamente séria e digna desse nome com vista a combater o problema numa perspetiva de médio e longo prazo.

Parte II – Conferência "Portugal, Europa e a Crise Económica ..." | 171

dimensão em áreas fundamentais[7]) e da irlandesa (o híper desenvolvimento da aventura financeira e da bolha do imobiliário). Admitamos até que certos problemas estruturais possam ser bem maiores em Portugal do que na Grécia, por exemplo ao nível da produtividade de alguns sectores ou da dimensão das empresas. Isso não quer, no entanto, dizer que tivéssemos de seguir o mesmo caminho que aqueles dois países. Dito de outra maneira, os problemas conjunturais portugueses embora sendo graves não requeriam necessariamente a via que nos foi apresentada como inevitável. Vejamos com algum detalhe a questão.

Na análise do contexto que levou ao pedido de resgate português em abril de 2011, não se pode deixar de referir a intervenção fortíssima da comunicação social e convirá lembrar a propósito o artigo de Coase sobre "The market for goods and the market for ideas", originalmente escrito em 1974. Como não podia deixar de ser os monopólios mediáticos organizam-se em função dos seus interesses próprios não nos do país, embora a sua argumentação pretenda o contrário e queira, muitas vezes, fazer passar aqueles em nome da busca da "verdade" dos factos:

> The press is, of course, the more stalwart defender of the doctrine of the free press, an act of public service to the performance of which it has been led, as it were, by an invisible hand. *If we examine the actions and views of the press, they are consistent in only one respect: they are always consistent with self-interest of the press.* (Coase 1994: 68)

Assim, uma saída política que, no fundo, pouco ou nada contribui para ultrapassarmos os nossos problemas estruturais e vai provavelmente adiar o início da sua resolução, tendo em vista os desvios que acarreta e a redução da margem de manobra política, é no entanto preconizada como saída miraculosa para a crise; o futuro imediato se encarregará de mostrar que as coisas não são

---

[7] No início de 2009, numa situação bem ilustrativa das contas públicas gregas, o governo declarou que o défice público seria 3,7% do PIB; em outubro já se estava em 12,5%, acabando por ser 13,6%, tudo no meio da habitual atribuição da responsabilidade pelo descalabro ao governo anterior (Shilling, 2011: 218).

tão simples quanto se propagandeou, mas entretanto o mal já está feito. Na obra já referida, Kahneman (2012) mostra como se pode avançar com interpretações da realidade que não são mais do que pura ilusão, no que ele chama "as ilusões dos gurus" (pp. 287-91), não raro bem instalados nos *media*. A comunicação social teve ainda outro efeito devastador sobre o processo, focando o papel de certos políticos (em especial do anterior primeiro-ministro) e a correspondente criação de bodes expiatórios, quando o que estava em causa era romper com vícios profundos enraizados há mais de duas décadas, que estão longe de se limitar às idiossincrasias desta ou daquela figura política.[8]

Um país que não dispõe de rendas extrativas, venham elas de um império ou de alguma riqueza natural (como acontece com os países exportadores de petróleo), e é uma pequena economia com limitado mercado interno, só tem um caminho a seguir: gerir-se bem, em particular na direção macroeconómica, e ter estratégias adaptativas de acordo com as tendências da economia mundial, devendo a população no seu conjunto, devidamente instruída e preparada, participar de modo ativo no processo. A integração na União Europeia e, mais ainda, na União Monetária, foi no caso português uma condição favorável e uma alavanca para promover as mudanças que se impunham, mas de modo algum suficiente, por si só, para atingir aquele objetivo. Por outro lado, distraídos no nosso pequeno mundo, não nos apercebemos suficientemente das profundas implicações *internas* que teve a duplicação, na prática, entre os anos 1980 e os anos 2000, da oferta de trabalho inserida no mercado mundial (na sequência da abertura ao exterior

---

[8] Isto não significa que haja, da nossa parte, qualquer aprovação das práticas concretas do anterior governo, um dos seus maiores erros mais foi o não reconhecimento aberto da crise e do que estava em jogo na sua sequência, desde os seus primeiros sinais. Quanto à evolução da situação que conduziu ao resgate, note-se, aliás, que dentro do próprio governo de então não havia monolitismo e que o ex-ministro nos Negócios Estrangeiros, Luís Amado, se pronunciou, nos últimos meses de 2010, a favor de soluções menos polarizadas politicamente, ao contrário do que veio a prevalecer.

da China, da Índia e outros países emergentes), com frequência em processo de rápida qualificação. Esta realidade é tanto mais importante quanto sabemos que Portugal é um país que ainda não digeriu bem a transição entre "intermédio" e "avançado", processo em que, notam com razão Michael Spence e Sandile Hlatshwayo (2011), apenas um pequeno grupo de países teve até hoje sucesso claro, pelo que se requer uma sofisticação maior em termos de política económica e de estratégia de longo prazo. Como é natural, a qualidade da gestão (micro ou macro) não se obtém por decreto ou por simplesmente pertencer à União Europeia.

É evidente que, em todos estes contextos, o esforço fundamental tem de caber ao próprio país e enquanto não nos convencermos de que somos capazes de resolver os nossos problemas (e de também fazermos passar essa imagem para o exterior), andaremos sempre, utilizando a simbologia clássica, entre Sila e Caríbdis. Ao contrário do que uma grande parte da elite política e económica portuguesa pensa, a implementação com sucesso de reformas estruturais num dado país não é um objetivo que conste da agenda das organizações internacionais[9] (como de resto a intervenção do FMI em Portugal nos anos setenta e oitenta retrospetivamente o comprova), nem mesmo da União Europeia, e terão de ser as forças internas, designadamente a sociedade civil, a assegurá-lo. Aliás, este tipo de postura da nossa elite notou-se na pressa em recorrer à intervenção "salvadora" do FMI logo que surgiram os primeiros sinais de crise grave através do aumento dos juros no mercado da dívida pública e da baixa das notações das agências de "rating", um processo que se autoalimentou livremente com a crise política, favorecendo a lógica instalada do contágio. No entanto, uma solução prévia, negociada e ponderada, como veio a acontecer em

---

[9] Acrescente-se que a situação portuguesa está longe de ser transparente para muitos especialistas internacionais, tanto antes como depois do resgate de 2011. Significativamente, Martin Feldstein, no artigo intitulado "The failure of the euro: the little currency that couldn't" (*Foreign Affairs*, 13 de dezembro de 2011), não faz uma única menção a Portugal, no meio de numerosas referências à Grécia, Espanha, Itália e Irlanda, entre outros países.

174 | Portugal, a Europa e a Crise Económica e Financeira Internacional

Itália, teria sido provavelmente bem mais útil no nosso caso, deixando uma maior margem de atuação face à diversidade dos problemas que temos de enfrentar.

Em busca de uma saída para o atual impasse, noutra dimensão muitas vezes esquecida ou subestimada, devemos ainda levar em conta a história portuguesa do séc. XIX, ou seja, quando um liberalismo na fachada política escondeu a incapacidade de produzir um sistema efetivamente capitalista com empresas competitivas e devidamente integrado na economia mundial. Falha histórica que induziu atrasos que se arrastaram até aos nossos dias e que nos colocou numa posição desfavorável no continente europeu, ainda que não única. De facto, alguma mão visível será indispensável com sentido estratégico e sem recurso aos habituais subsídios para ultrapassar este legado e proceder aos ajustamentos requeridos pelos novos contextos internacionais. Mais precisamente, para que a economia portuguesa se torne competitiva de uma forma sustentada é necessário que ela ganhe competências reconhecidas pelos mercados internacionais, pelo menos em algumas áreas, o que não ocorre por geração espontânea, e que se faça uma gestão cuidada deste processo, tarefa em que o estado não se pode eximir de participar, antes pelo contrário, criando condições propícias para o efeito. A pura gestão conjuntural, mesmo quando conseguida, talvez permita ganhar eleições e perpetuar poderes (acentuando "sabiamente" os sacrifícios no início e os benefícios no fim de mandato; uma orientação muito atrativa para os profissionais da política), mas arrisca-se a não nos fazer avançar um átomo no caminho das reformas estruturais que necessitam de amplo apoio político (dado o nosso passado, compreende-se as resistências que possa haver, mas a superação da situação em que nos encontramos não cabe na mera rotina política vigente), pois, de uma forma geral, não podem deixar de ferir os *interesses instalados*. Aliás, a oposição levantada neste plano, tem sido claramente um dos grandes calcanhares-de-Aquiles ao processo de transformação da economia e da sociedade portuguesas depois do 25 de Abril de 1974, logo que algum político ousa avançar com reformas mais profundas. Ora, um dos trunfos principais de uma pequena economia, dado que não pode influenciar o ambiente externo, é justamente a sua capacidade de adaptação às correntes mundiais, através das correspondentes mudanças internas evitando o não bloqueio destas. Seja como for, apesar de este caminho estar minado e ser de alto risco para a área política, não podemos deixar de o trilhar se efetivamente queremos para Portugal uma saída efetiva e duradoura para a crise em que estamos mergulhados.

Implicações da União Monetária Europeia

Como se evidenciou (Silva, 2011), pertencer a uma união monetária tem implicações importantes para o país que adere. A utilização de uma moeda comum traz inúmeras vantagens do ponto de vista do incremento das transações entre parceiros, criando condições para uma maior solidariedade entre os Estados membros e beneficiando enormemente as empresas (sobretudo quando se preparam para mercados mais competitivos), mas também requer uma disciplina muito maior e não menor na direção económica, por exemplo ao nível das finanças públicas, e exigindo equilíbrios fundamentais sustentados e não falsos ou de pura conveniência conjuntural. Devido a este conjunto de requisitos tornou-se clara, desde os começos, a seguinte evidência: para que um processo tão complexo e inovador como o da integração europeia ganhasse consistência, uma moeda única era um passo indispensável. Historicamente, este dilema ficou bem ilustrado pela frase muitas vezes citada de Jacques Rueff: "l'Europe se fera par la monnaie ou ne se fera pas" (Issing, 2011: 747). Como foi realçado nesta sessão, através da intervenção do Embaixador Francisco Seixas da Costa, os alargamentos de 1995 e posteriores alteraram qualitativamente a União Europeia e um desses aspetos, trate-se ou não de membros da união monetária, vai claramente no sentido de um maior respeito daquele princípio. Sabemos até como países que não pertencem à Área do euro, como a Suécia, passaram por importantes mudanças na política económica na década de 1990, que estão na base do seu sucesso atual. Não devemos portanto alimentar um discurso simplista generalizador sobre a União Europeia, muito comum em Portugal, identificando as exigências da disciplina necessária à moeda única com um "diktat" da Alemanha, ou mesmo do seu atual governo, dentro de um espírito de nostalgia serôdia dos alargamentos típicos dos anos oitenta (Grécia, Portugal e Espanha).

Dito isto, e na medida em que, para além de afastamentos daquele princípio, nem todas as situações foram previstas pelos Tratados europeus, é evidente que, no contexto da crise atual, para que a "máquina continue a funcionar", tarde ou cedo, alguns passos menos ortodoxos teriam de ser dados. Esta evolução é a nosso ver inevitável, considerando que os Estados membros, em especial quando integrados na Área do euro, praticamente, para além da chamada "desvalorização interna" (abaixamento dos salários e dos preços), não dispõem de instrumentos – cambiais, monetários ou comerciais – para intervir em fases recessivas do ciclo e estão muito limitados do ponto de vista orçamental. O BCE acabou injetando massivamente liquidez no sistema financeiro, ainda que não haja garantia de o estabilizar e impulsionar os mecanismos de crédito num sentido favorável à economia real e às empresas que efetivamente precisam. Também o Fundo Europeu de Estabilização Financeira, criado em maio de 2010, e depois o Mecanismo Europeu de Estabilização (conhecidos pela sigla EFSF/ESM)[10] têm vindo a ser aumentados de forma substancial, atingindo a sua capacidade de empréstimo, em conjunto, 800 mil milhões de € no final de março de 2012, devendo-se ainda acrescentar 150 mil milhões de € de contribuições bilaterais adicionais dos Estados membros da Área do euro, no âmbito do FMI. Este processo, colocado no âmbito do objetivo de uma União Fiscal europeia, não se ficará certamente por aqui, pois a situação de Estados membros com significativo peso económico permanece periclitante, em particular no que respeita à dívida soberana. É óbvio que, face a uma situação de crise, o processo de unificação monetária apresentava e continua a

---

[10] Na sequência da reunião de Copenhaga de 30 de março de 2012, os dois fundos funcionarão em paralelo durante vários anos, mas as novas competências, a partir do final de junho de 2012, serão assumidas pelo ESM.

apresentar toda uma série de falhas e os caminhos a seguir não se vislumbram facilmente. Porém, algum equilíbrio terá de ser obtido entre medidas extraordinárias para enfrentar a atual crise e enquadramentos estáveis para a união monetária, nomeadamente no plano orçamental, que evitem a prazo criar problemas graves de risco moral que poderiam levar à sua implosão ou, pelo menos, à sua desintegração. Se aquele objetivo for atingido, pode-se afirmar com o Diretor-Geral da Organização Mundial do Comércio:

Se a Europa quer sair da atual crise deve restaurar o crescimento económico ocupando o seu lugar na economia global. Isto requer duas reformas complementares. Em primeiro lugar, a UE deve tornar-se um ator político real, com recursos fiscais independentes. Em segundo lugar, *as políticas públicas da UE devem centrar-se na melhoria da competitividade das empresas europeias nos mercados globais.* (P. Lamy, discurso de 29 de fevereiro de 2012, Bruegel Institute, Bruxelas)

Seja como for, e em casos como o da economia portuguesa, caraterizada por profundos e duradouros desequilíbrios no sector público e na conta corrente, por debilidades estruturais e outros problemas de grande dimensão (justiça, educação, etc.) que não têm sido devidamente combatidas com êxito ao longo do tempo deixando um lastro negativo, não se pense que a intervenção europeia, *por mais ampla e rápida que seja*, será o fim das dificuldades. Claro que se pode discutir o ritmo e a sequência do atual processo em Portugal, mas sinais de mudança efetiva de rumo, são de qualquer modo indispensáveis.

Conclusões

A crise em Portugal e na Europa deve começar por ser colocada no contexto mais vasto da evolução das ideias económicas do pós-guerra, em particular das teorias que se tornaram dominantes ao longo das últimas décadas. Vimos a contribuição para a crise das teorias em que se baseou a finança moderna e de algumas políticas que lhe estão associadas. De certa forma, pode-se dizer que a economia portuguesa foi uma das mais atingidas pela crise e que, por todo um conjunto de razões, se encontrava menos preparada para enfrentar as suas consequências. Assim, a análise da crise atual reveste-se de especial importância neste caso. O seu interesse não reside tanto no apuramento de alguns detalhes da história recente, na identificação dos principais culpados, etc., mas sim na utilização desta análise com vista ao futuro e no facto de se poderem retirar lições a fim de corrigir trajetórias e políticas. Com esse objetivo torna-se especialmente necessário submeter à crítica as interpretações que têm dominado o espaço da vida política e económica portuguesa dos últimos anos, e desafiá-las nos seus esconderijos, retirando-lhes a presunção de certeza e inevitabilidade que gostam de aparentar. Com efeito, a grave crise dos últimos anos, com os tremendos custos sociais que acarreta a uma grande parte da população, tem de ser um ponto de partida para algo mais positivo, desde que haja coragem para cortar com vícios e falar de uma maneira franca e verdadeira e não ao serviço de interesses velados. Neste sentido, deve-se reconhecer que, desde os anos 1970, se conseguiram conquistas importantes do ponto vista político e social, mas o balanço económico não é nada animador, e não vencemos as principais batalhas que nos propusemos neste domínio, quando todo o mundo avança velozmente à nossa volta. É o mínimo que se pode dizer. A economia portuguesa continua em busca da sua transformação qualitativa, sendo fraca e vulnerável a choques de diversa ordem, internos e externos. Os anos na União Europeia, em particular na União Monetária, foram uma grande oportunidade, mas não foram aproveitados da melhor maneira e quando irrompeu a crise, as políticas europeias só lentamente foram emergindo e não se revelaram suficientemente eficazes para estancar a crise com a celeridade desejável. De qualquer modo, a assunção clara da capacidade própria de Portugal vencer os grandes desafios que tem pela frente, vai ser a pedra de toque do seu sucesso futuro, em particular no que respeita ao desempenho económico.

Bibliografia

Coase, R. H. (1974, 1994). The market for goods and the market for ideas. In *Essays on Economics and Economists*, The University of Chicago Press, Chicago.

Dowd, K. e Hutchinson, M. (2010). *Alchemists of Loss: How Modern Finance and Government Intervention Crashed the Financial System*, John Wiley & Sons, Chichester.

Economist (The) (2012). Playing with Fire, Special Report on financial innovation, 25 de Fevereiro.

Issing, O. (2011). The crisis of European Monetary Union: Lessons to be drawn, *Journal of Policy Modeling*, Vol. 33, pp. 737-749.

Kahneman, D. (2012). *Pensar, Depressa e Devagar*, Círculo de Leitores, Lisboa.

Keynes, J. M. (1936, 1983). *The General Theory of Employment, Interest and Money*, Collected Writings, MacMillan/Cambridge University Press, Londres e Cambridge.

Knight, F. H. (1921, 1964). *Risk, Uncertainty and Profit*, Reprints of Economic Classics, Augustus M. Kelley, Nova Iorque.

Lamy, P. (2012). A growth plan for Europe to exit the crisis, WTO, acesso em 29 de Fevereiro: http://www.wto.org/english/news_e/sppl_e/sppl219_e.htm

Perroux, F. (1993). *Marx, Schumpeter, Keynes*, Presses Universitaires de Grenoble,

Plessis, S. du (2010). Implications for models in monetary policy, *Journal of Economic Methodology*, Vol. 17, nº 4, Dezembro, pp. 429-444.

Rajan, R. G. (2004). Why are structural reforms so difficult?, *Finance & Development*, Junho, pp. 56-7.

Rajan, R. G. (2010). *Fault Lines: How Hidden Fractures Still Threaten the World Economy*. Princeton University Press. Princeton.

Reinert, E. S. (2007). *How Rich Countries Got Rich ... and Why Poor Countries Stay Poor*, Constable, Londres.

Schumpeter, J. A. (1954, 1983). *Histoire de l'Analyse Économique*, Versão francesa, 3 tomos, Éditions Gallimard, Paris.

Shilling, A. G. (2011). *The Age of Deleveraging: Investment Strategies for a Decade of Slow Growth and Deflation*, updated edition, John Wiley & Sons, Hoboken/New Jersey.

Silva, J. R. (2000). The Portuguese economy in the light of Irish experience: A comparison of the 1990 decade. In *Issues on the European Economics*, Actas "3rd International Workshop on the European Economy" (10-11 de Dezembro de 1999), CEDIN, ISEG/UTL, Lisboa, pp. 221-242.

Silva, J. R. (2008). *International Strategies in Iberoamerica: The Case of Portuguese Trade*, Economic Commission for Latin America and the Caribbean (ECLAC), Project Documents Collection, Santiago do Chile.

Silva, J. R. (2011). A crise do euro: em busca de saídas. *Foreign Policy*, Edição FP Lusófona, nº 22, Junho-Julho, Lisboa, pp. 24-27.

Silva, J. R. e Guerra, G. C. (2011). O sector financeiro brasileiro face à crise internacional. In Allan Claudius Queiroz Barbosa e Joaquim Ramos Silva (Eds), *Economia, Gestão e Saúde: As Relações Luso-Brasileiras em Perspectiva*, Edições Colibri, Lisboa, pp. 101-124.

Spence, M. e Hlatshwayo, S. (2011). A estrutura em evolução do crescimento global, *Jornal de Negócios*, 4 de março.